新卒を採れ!

中小・零細が
大手に勝つための戦術

谷口弘和
木の家専門店 谷口工務店

BYAKUYA
BIZ BOOKS

はじめに

30歳で父親の借金1億5000万円を背負う

「谷口さん、こちらなんですが」

「何ですか？　親父の借金ですか？　……1500万？」

「1億5000万円です。谷口さん、『連帯保証人』って知ってますか？」

「何ですか、それ？」

「簡単に言うと、借金をした人の代わりに返す人のことですよ。谷口さんはお父さんの連帯保証人になっています。つまり、あなたが借りているのと同じです。お父さんの代わりに、この借金は谷口さんに背負ってもらうことになりますよ」


2002年1月。いきなり銀行に呼び出された私は、担当者からいろいろと説明をされた挙句に、このような会話をすることになりました。

当時の私は、高校を卒業して4年間勤めた大手ハウスメーカーから〝独立〟する形で下請けとなり、自分で「谷口工務店」を起ち上げ、数人の手伝いを外注として抱えながら月商150万円（経費を差し引いて月収100万円）くらいを稼ぐ個人事業主でした。

バブル経済の残り火もあって工務店はそれなりにうまくいき、私は28歳で現在の妻と結婚。工務店が利益が出ていたこともあってロクに貯金もせず、稼いでは使う生活をしていました。

そんな順調な日々を送っていた2002年1月に、いきなりこの話が飛び込んできたのです。当時、私は30歳でした。

金額にして1億5000万円分の約束手形。

思い出してみると、確かに父親は何かと私にハンコを押させました。

「商売のために融資を受けるから、これにハンコを押せ」

手渡される紙切れの頻度がやたらと多いと思いつつ、それでも仕事の設備投資や運転資金のために必要で、それで生活が守られるのであればと、私は何も考えずに毎回、実印を押していました。

私の父は腕のいい大工で、しかも職人気質の強い人でした。

現代でもそうですが、本当に腕のいい職人は採算を度外視してでもお客さまのために尽くします。自分の利益を可能なかぎり抑え、可能なかぎりいい材料を、可能なかぎり安く提供する。そして、最高の仕事をしてお客さまに喜んでいただく。

ですが、そのしわ寄せは結局、自分自身だったり、自分の店の社員だったり、あるいは私のように家族に来ます。

私の父親の場合は腕のいい職人だったこと、さらに極度の職人気質でもあったため、利益を度外視して高級木材で家を建てるたびに赤字。加えて、経理ができなかったため、相手に「与えること」に熱心に仕事をした結果、1億5000万円という借金を息子に残すことになったのです。

借金返済のために元請けからの脱却を決意する

30歳でいきなり背負った1億5000万円の借金でしたが、不幸中の幸いと言うか何と言うか、全額を一度に返す必要はありませんでした。

約束手形とは「一定の期日に一定の金額を支払うことを約束する有価証券」のことです。

つまり、1億5000万円は総額で、一定の期日までに一定の額を返していけばよかったのです。

とはいえ、イメージとしては毎月1000万円くらいを5年間で返済する必要がありました。

先述の通り、当時の私は月収が100万円ほど。契約していた生命保険（死亡したときの保険）が5000万円くらいしかありませんでしたから、とても足りませんでした。

私に示された道は2つでした。

「借金を返していく」か「自己破産する」か。

知り合いの経営者に相談に行っても「親の借金を谷口さんが背負う必要はないから自己破産しなさい」「それだったら一度潰して、やり直したほうが楽ですよ」というアドバイスをたくさんいただきました。

ですが、私はそれが嫌でした。

そもそも、いくら父親のものとは言え、自分がしたわけでもない借金で自分の人生を挫折させることが嫌だったのです。

それに当時、私は自分で工務店を経営しながら、ビジネス書を読みあさって経営のための勉強を始めていました。

父親は職人でしたが経理ができない——要するに「経営」ができなかったわけです。そんな背中を見て育っていましたから、自分が工務店を起ち上げてからは少しでも経営の勉強をして父親とは違う形で事業を行おうと考えていました。

正直、高卒の私は体育会系で、結婚をした28歳まではまともに本も読んだことがありませんでした。ですが、とにかく一般に販売されているビジネス書を読んで、書かれてある方法を実践しようと考えていました。

特に、神田昌典さんの書籍は何度も読んで「これを愚直にやれば、うちももっと利益が出るんやないか？」と思うようになっていました。「経営理念」という言葉の存在を知ったのもこの頃です。


父親が作ったものとはいえ、借金は返さないといけない。

自分が作ったわけでもない借金で自分の人生を挫折させられるのは嫌だ。

それなら、自分が成功して借金を返せばいい——というか、それしかない。

今でもそうですが、当時から私は楽観的な性格で、自分で借金を返すことを決断しました。

ただ、現状の大手の下請けのままではとても返せません。

約束手形は借り換えによって期日を延ばすこともできますが、銀行側が「NO」と言えばそれまでです。

どちらにしても、現在の自分の工務店を抜本的に変えなければ1億5000万円もの借金を返済することはできませんでした。

だったら、もっと収益性の高いことをしなければいけない。

そして、下請けの工務店が取れる手段は限られている。

私が選択したのは「下請けからの脱却」でした。それまで大手ハウスメーカーの下請けに甘んじていたことをやめ、「元請け」になる道を選んだのです。

中小零細企業こそ新卒を雇って成長させるべき

ごあいさつが遅くなりました。

はじめまして、谷《たに》口《ぐち》弘《ひろ》和《かず》と申します。

私は現在、滋賀県蒲生郡竜王町という田舎町で「木の家専門店 谷口工務店」という会社を経営しています。

生粋の大工職人の家に生まれ、工業高校を出てすぐに大手ハウスメーカーで働き、今の会社は２００２年にたった２人で起ち上げ、２０１１年７月に法人化。現在は年商23億円、年間着工数45棟、社員１００人ほどの会社ですが、その半数が大工で、その数は関西トップと言えます。

さらに、すぐ隣には京都や名古屋があるにもかかわらず、毎年マイナビで社員を募集すると多いときで約１０００人の設計士や大工の卵がエントリーしてきます。

それも、応募する学生はみんな高学歴の学生ばかりです。私の会社では毎年新卒を採用し、国立大卒など高学歴大工も多数在籍しています。

工務店にも関わらず、現場監督や営業マンを置かず、すべての予算をいい家づくりに投入。大工の育成に力を入れている会社と言えるでしょうか。

１億５０００万円という多額の借金を背負いながらも、現在のようにこうして会社を経営し、多くの社員に囲まれながらこの18年、右肩上がりの業績アップをし続けられたかと言うと、それはひとえに「新卒の採用」に力を注いできたからです。

それも、大学で建築を学んできた学生を積極的に採用してきたからです。

私の会社では、２００７年（４期生）から大卒の採用を始めて以降、毎年５〜10人の新卒を採用してきました。

大工の業界では就職しても2〜3年で独立することがほとんど。新卒で採用した学生の中には退職する者もいましたが、業界の平均を考えると驚くほど低い離職率で、会社に貢献してもらうことができています。

本書では、その秘訣を余すことなくお伝えしたいと思っています。

先にその一端をお伝えすると、基本は「採用して、教育して、成長させること」。

これを続けていれば人は辞めづらくなりますし、人材として他社に負けない存在に成長しますし、会社の業績も上がりますし、さらにその先の採用活動もはかどるようになります。もちろん、内定辞職もゼロにできます。

私は中小零細企業こそ、この戦略を取るべきだと考えています。

なぜなら、この戦略を取らないと大手企業と戦えないからです。

大手企業には彼らにしかできない経営戦略があります。その方法を中小零細企業がマネをしようとしてもできません。

ですが一方で、私たち中小零細企業には、私たちだからこそ取れる戦略があります。それが本書でお伝えする内容です。

ぜひこの内容を知っていただき、今すぐにできるところから始めていただければ、と思っています。本書があなたの会社の人材採用～育成までの一助となれば、これに勝る喜びはありません。

CONTENTS

2 「人」は会社を成長させるために採るもの

3 就活生が魅力を感じる会社のつくり方

4 会社の未来を担う人材の育て方

5 さびれた旧東海道の古民家がホテルに生まれ変わった

6 地方の中小零細企業が大手企業と戦う方法

0

中小企業経営者が身につまされる諸問題

自分の会社は
小さい？

中小企業は
売上3億円が必要

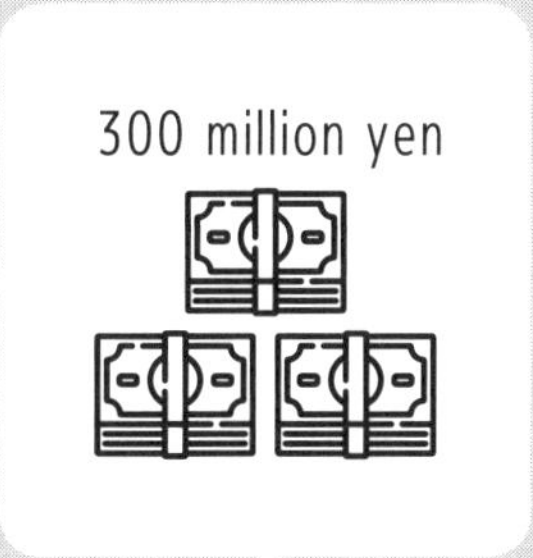

「不景気」は
通用しない

中小のビジネス
スキームは？

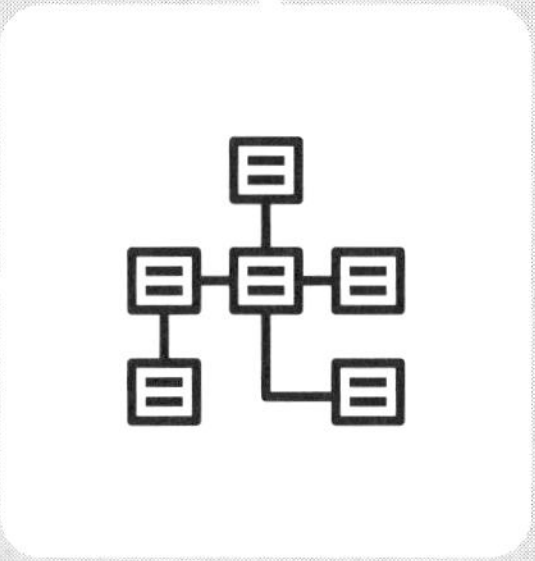

序章

中小零細企業が地方から日本全体を元気にする

中小企業庁の発表によると、2016年の時点で日本全体の企業の数は約359万社。うち中小企業は全体の99％以上を占める約358万社と言われています。

さらに、中小を分けると中規模事業者が53万社、小規模事業者が305万社で、なんとこの数は1999年の日本全体の企業数の485万社から毎年下がり続けています。

ちなみに「大企業」は、1999年の時点で約1万4000社だったものが2016年の時点で1万1000社と3000社しか減っていませんので、100万以上の減衰した企業のうちのほとんどが中小零細企業だったということになります。

私自身、中小企業の経営者として、やはり日本の経済を支えているのは全体の99％以上を占めている中小零細企業だと考えています。

「中小企業が元気になれば日本も元気になる」とよく言われますが、それは本当のことです。

日本の中小零細企業、それも東京という「日本のド真ん中」ではないその他の地方（地方都市）の企業こそが、業績を伸ばし、大手企業と戦っていけるだけの力を持つことで、単に個々の業界だけではなく日本経済を活気づかせ、地方も元気にしていけると思うのです。

ただ一方で、現状の中小零細企業の経営者が置かれている立場というのも理解できます。特に、私のような地方でも「都市」ではなく「田舎」に本拠地を置いて経営する者にとっては、身につまされる問題です。

幸いなことに私自身は現在ではその問題から抜け出せてはいますが、かつては同じような悩みを抱えていたこともあります。

まずはその辺りから本書を始めていきましょう。

9割の経営者が自社を「小さい会社」だと思っている

先述の通り、中小企業約358万社のうち「小規模事業者」と言われる事業者が

305万社あります。つまり、日本全体の85％近くが小規模事業者、ということになります。

ちなみに中小企業庁の定義では、小規模事業者とは「常時使用する従業員の数」が卸売業、サービス業、小売業で5人以下、この3つを除く製造業や建設業、運輸業など、その他の業種では20人以下の業種を指します。

他にも規定は細かくあるのですが、本書ではそこまで厳密な定義をせず、あえて「売上が3億円以下、従業員10人程度～それ以下」として話を続けます。

田舎で経営者をやりながら、さまざまな会合や勉強会などに顔を出して中小零細企業の経営者たちと話をして私が思うのは、彼らはとにかく「ネガティブな発言」が多く「マイナス思考」が強い、ということです。

最もよく聞かれるのが「うちは小さいから」というセリフです。

「（うちは小さいから）大手とは戦えない」
「（うちは小さいから）会社を大きくできない」
「（うちは小さいから）いい人材がやってこない」

どこに行ってもこのような言葉を9割方、耳にします。

たしかに大手企業と比較すれば中小零細企業は〝小さい〟です。

ですが、それはあくまでも比較したからの話であって、単独で見れば、会社には大きいも小さいもありません。現在の事業規模がそのくらいだというだけで、そこから大きくしてはいけないわけではありませんし、現状維持し続ける理由もないのです。もちろん、卑下する必要もありません。

これはもしかすると、地方の企業に特有のことなのかもしれません。

ですが、どんな業態であっても自社を「小さい会社」と認識することそのものは良くても、それによって「だからダメなんだ」とあきらめてしまう必要はないのです。

田舎に行けば行くほど「稼ぐこと」は悪になる

これも地方特有なのかもしれませんが、田舎に行けば行くほど、経営者は利益を出すことをしません。それが「悪」と見なされるからです。

私の会社がある滋賀県の竜王町は、都心や地方都市と比べれば驚くほど田舎です。周囲にあるのは田んぼや住宅ばかりで、車がないと生活ができません。たとえば、コンビニに行くのでも車が必要なのです。

そのような地域は、基本的に共同体意識がとても強いです。

よそ者が入ってくることをあまり良しとせず、ずっとそこにいる人たちだけで経済を回していく文化が深く根づいてしまっているため、何かの事業によって大きく利益を出そうとすると必ずと言っていいほど反発が起こります。

商売は基本的に「自分たちが生活できるくらい」というのが基準で、それを超えて利益を出そうとすると、たとえば「谷口工務店のために地域が犠牲になる」という文句が出てきます。

同じ共同体に属する仲間として、可能なかぎり安く（価格を下げて）商売をし、必要最低限以上の利益はもらわないようにする。

それが当たり前の社会文化になって続いてきた結果、今度は経営者自身も「利益を上げてはいけない」「利益を出すことは悪いこと」と考えるようになってしまうのです。

ですが、もう一度考え直してみてください。

会社というのは「利益を最大化するため」に存在しているはずです。

そのためにコストカットをしたり、生産性を上げる投資をしたり、人材育成に力を入れたり……という活動があるはずです。

そして、そうやって業績が上がっていくことで、会社が本拠地を構えている地域に還元し、税金を払い、回り回ってその地域全体が豊かになる。

そういう当たり前の仕組みがあったはずです。

社長が忙しく走り回っていることが「善」となる

では、逆にどういう社長像が「善」なのかと言うと、プレイング・マネジャーとして走り回っている「忙しくしている社長」こそが地方では好まれます。

この姿は、いわゆるベンチャー企業の社長的な姿を想像してもらうといいかもしれません。経営者こそが一番の営業マンであり、一番の技術者であり、会社の顔である。

「年商3億円の壁」を越えるまでは、中小零細企業の経営者はこの状態から抜け出すことができないのです。

一見すると、不眠不休で会社自体を背負っている経営者の姿は美しく見えます。

実際、地方においては、こういう社長こそが努力していると思われるのです。

ただ、この状態の経営者はとにかくしんどいです。すべてを自分でやらなければいけないので、それこそ寝ている時間がありません。


私自身、下請けからの脱却を考えた2002年からしばらくの間は、それこそ不眠不休で働く日々が続きました。

1億5000万円の借金を返すために元請け会社の経営者になるべく経営塾にも通っていたので、それこそ夜まで仕事をしてから滋賀から京都まで車を飛ばして勉強会に参加し、22時に終わってまた滋賀まで戻る日々を送っていました(家に帰り着くのは24時頃でした)。

もちろん、そこからまた仕事。翌日も朝から仕事です。

当時は30代で今より体力的に元気だったこともあって耐えられましたが、名神高速道路を走りながら居眠り運転をしそうになったこともあります。

状況は違えど、1人ですべてをまかなうしんどい日々がいつまでも続くわけがありません。

結局は地方においてはあまり利益も出ず、だから人も雇えずに仕事を任せることもできず、自分ですべてをまかなうために体力だけが消耗し、やがて「自分でできる範囲」だけに仕事を限定して、生活できるだけの売上で現状維持をキープし続けるような経営状態になってしまうのです。

そして、そのことによって「安定」は得られるようになるので、現状維持をしつつ、時間だけが過ぎていってしまうのです。

売上3億円を越えられない会社は1代で終わる

私のまわりにも、この「売上3億円の壁」を越えられない中小零細企業経営者は少なくありません。

この壁を越えられない経営者は自身が現場を走り回らなければいけません。もちろん、そういうのが好きな経営者も中にはいますが、むしろ考えるべきは「そのような会社は最終的に創業者の代で会社が終わってしまう」ということです。

大なり小なり会社を起ち上げる以上は、「誰か（組織）の下について一生を終えるよりは、自分が一国一城の主になりたい（なって利益を出したい）」という気持ちがあるはずです。

現状の給料や組織のしきたりに満足できなかったり、「自分だったらもっと稼げる」と思うから起業をするのだと思います。

にもかかわらず、その会社が結局は自分の代で終わって、バトンタッチもできずに社会から失われてしまうのは、私から見ると経営者の考え方としては矛盾しているように思えるのです。

また、お客さまのことを考えても同じだと言えます。

多くの会社は「お客さま第一」を掲げます。お客さまがお金を払ってくださるから会社は成り立つわけですから、この考え方は当然です。

ですが、もしも会社がなくなってしまったら「お客さま第一」は消滅してしまいます。私の知る工務店の中にも「お客さまとは一生のおつき合い」と言いながら、お客さまよりも先に会社のほうが〝亡くなってしまう〟ところが少なくありません。掲げていることと実践していることが違うのです。

一生のおつき合いの相手がいなくなったお客さまは、どうすればいいのでしょうか？

このように考えてみても、経営者は会社を成長させることを考えないといけないと私は思います。

会社には「成長」か「消滅」しかありません。

消滅すると困るのはお客さまです。お客さまを第一に考える以上、会社は成長させるしかないのです。

「現状維持」は経営者にとっては楽、社員には不幸

会社は成長させるしかない。成長しない＝消滅することである。

ですが、この考え方のどちらにも属さない考え方をする経営者も少なくありません。それが「現状維持」です。

今、売上がそれなりにあって、しかも安定しているからこのままでいい。

下手に冒険をして失敗をするよりは、現状を長く継続していくほうがいい。

このような考え方が現状維持の経営スタイルです。

もちろん、あえて危ない橋を渡って会社を潰してしまうくらいなら、安定している状態を維持することのほうが経営判断として正しいことはわかります。

ただ、そのために人を雇わない、設備投資をしない、生産性を上げない……など、自社を成長させない言い訳として使うのであれば良くないと私は考えます。


なぜなら、会社にとって現状維持は長く生き残れる判断であっても、社員からすれば不幸でしかないからです。

たとえば、毎年の売上が1億円の会社があるとします。社員は社長を含めて5名としましょう。売上はここ10年ほど安定していて、今のお客さまに今の商品・サービスを提供していれば、この先も今の状態をキープできるとします。

この状態は会社としては安定していますが、社員は別です。


当たり前ですが社長も含めて年を取ります。

単に年を取るだけではなく、年齢を重ねていくことで結婚をしたり、家を買ったり、車を買ったり、子どもが生まれたり、子どもが成長して進学したり……という当たり前の人生イベントが存在します。

そこには当然、お金がかかります。社員にとってほとんどのお金は働いて給与をもらうことで担保されます。

ですが、会社が成長しない＝この場合は売上が1億円から変わらないのであれば、当然ながら社員の給料は上げることができません。ボーナスも支給しているならまだしも、アップすることはありませんし、ボーナスがないとなると、さまざまな場面で社員たちには頼りにできるお金がないことになります。

現在の人間が社会生活をするにあたって当たり前に得られる「幸福」を得られない。つまり、社員たちにとって会社の現状維持は不幸でしかないのです。

「昔は良かった」という言い訳はもう通用しない

会社を成長させようとしない経営者が使いがちな言い訳が「今は景気が悪いから」です。

たしかに、1995年から2015年までの世界各国の経済成長率を見ても、世界平均がプラス139パーセントの中で日本はマイナス20パーセントという恥ずかしいほどのマイナス成長率を記録してしまっています（先進国で最下位）。

名目ＧＤＰの推移を見ても１９９５年あたりから横ばいが続いていて、さらにその中で消費増税を５➡８パーセント、８➡10パーセントと２回も行って日本はそれこそ25年以上にも及ぶデフレーションが続いています。

※『ダイヤモンドオンライン』２０２０年４月３日（https://diamond.jp/articles/-/230841?page=2）より

さらに、ここにコロナ禍がやってきました。

度重なる自粛によって日本経済はガタガタになってしまい、景気はさらに悪化していくと考えられるでしょう。

ですから、「今は景気が悪い」という言い訳はその通りと言えるかもしれません。


ただ、実はここには〝ごまかし〟があると私は考えます。

たしかに、これまで右肩上がりで成長をできた私の会社でも、２０１４年と２０１９年の消費増税の際には前年を下回る売上を出してしまいました。

ですが、これは「景気が悪かったから」ということだけが原因ではありません。

そこを判断材料にしていては会社の成長は望めないのです。

少し考えてみればわかるのですが、現在の私がいる住宅業界は需要が減っている状態です。全国に800万を超える空き家が存在し、不景気もあって「家を買う」という選択肢がかつてのような当たり前ではなくなっている時代だからでもあります。

ただその中でも、私の会社が建てている家の戸数はほとんど変わりません。むしろ毎年増えていて、だから不景気と言われる世の中でも成長ができているのです。

そこには「自社の経営状態」と「社会の景気」をつなげて考えないからです。

たとえば、年間100万戸の住宅ニーズが80万戸に減ったとしても、私の会社で建てられる家の数は80万戸もありません。

もしも、年間100万戸を建てている独占企業が需要低下によって80万戸しか建てられなくなったのだとしたら「景気が悪いから」という言い訳も通用すると思います。

ですが、実際はそんなことはないのです。

にもかかわらず「今は景気が悪い」という言い訳をするということは、自社の経営状態〝だけ〟で勝手に景気を判断していることに他なりません。

少子化、不景気、需要低下……と悪い情報を考えればいくらでも挙げることはできます。

ですが、それは自社を成長させないことの言い訳にはなりません。

昔はモノを置いていたら売れる時代でした。そして、デフレによってそれがかなわない時代になってしまいました。

さらに、今はＡｍａｚｏｎや楽天があるように何でも買えてしまう世界です。

単に「景気が悪い」というだけの世界では、もうないのです。

これからの中小零細企業は大手と戦える「武器」が必要

ここまで、長々と生意気なことを語ってきました。

私自身、経営者としては40代後半でまだまだ中堅どころ、成功者ではなく「勉強中の挑戦者」だという意識があります。

ただ、年商3億円の壁を越え、20億円を達成し、さらに大きな目標を掲げている身として言わせていただくなら、中小零細企業が生き残っていく道は「大手企業と戦って勝つこと」以外にはないと思っています。

もちろん、大手と正面切って戦ったところで、中小零細企業に勝ち目はありません。別の戦い方をする必要があります。

ただまず、経営者が現状維持をやめ、3億円の壁を超える決断をしなければいけません。

そして、大手と勝つための「武器」を手に入れないといけません。

先に言ってしまうと、それは「人」です。

中小零細企業こそ、「人」という武器を使って大手と戦い、自分の勝てるフィールドを見つけていくしかないのです。

そのための武器を、本書をヒントに手に入れてもらいたいと思います。

売上3億円を超えれば悪平等から抜け出せる

都心から離れて地方に行けば行くほど、企業は成長や発展ということから遠ざかっていく傾向にあります。

それは共同体意識の強い世界（それ自体が悪いわけではありません）において、「出る杭は打つ」「ハズレを引きたくない」「自分だけ稼ぐことは悪」という考え方が濃く、しがらみの中でがんじがらめになってしまっている経営者が少なくないからです。

こんな〝悪平等（個々の価値を無視して形だけ平等に扱うこと）〟から抜け出すためには、3億円の壁を越えることが第一です。

私の会社も含めて、売上3億円を超え、数十人以上の従業員を抱える会社になれれば単独で動けるようになり、地方にいてもその地域から一歩抜け出して、より広い世界でビジネスができるようになります。

つまり、売上3億円を超えれば悪平等からは抜け出せるのです。

もちろん、そこまではたしかに苦しい道ではあります。私自身、さまざまなビジネス書を読みあさって経営ノウハウを学び、1つひとつ実践しながらここまでやってこられた実感があります。

私自身が、今あなたが読んでいるようなビジネス書に助けられてここまで来たのです。ですから今度は、私がお伝えする側に立って、あなたに「何をすればいいか」をお伝えしたいと思っています。

地方の中小零細企業こそビジネススキームを作るべし

私は、これからの中小零細企業は、ビジネススキームを作って自社が利益を出しつつ、地域に還元することをしなければいけないと思っています。

これはある特定の地方だけではなく、日本中のすべての地方にいる経営者が行わなければいけないことだと考えています。

その一端として、私は滋賀県大津市で「HOTEL 講 大津百町」というプロジェクトを2018年に行いました。これについては第5章で詳しくお伝えします。

今、全国の地方の街は大なり小なり「町おこし」の問題を抱えています。

東京一極集中で重宝な人材が都心に流れ込み、地方は過疎化してどんどんさびれていってしまっています。滋賀県大津市もその1つでした。

当時から町おこし的な意識はありましたが、基本的に町おこしはボランティアです。町おこし団体に地元の企業が集まり、会合でいろいろなアイデアは出るのですが、結局は「お金は誰が出すんだ？」「国や役場は出してくれない」「自分たちは出したくない」となって頓挫します。

私はそんな押しつけ合いの空気が嫌で、最終的に4億円規模となったプロジェクトを自社で企画し、1年かけて旧東海道沿いの古民家7棟をホテルに改修する事業を行いました。

これは単に自社のブランディングのためにやったわけではありません。

大切なのはその地域の会社が利益を出し、さらにその地域にお金を落としてもらえる仕組みを作ることです。そうしないと地方は活性化しません。

そのビジネススキームとして「HOTEL 講 大津百町」を実践したのです。

これはあくまでも一例ではありますが、3億円の壁を越えて〝自分回り〟でビジネスを行っていくためには「なんとなく経営」でやっていてはいけません。

「なんとなく今のままでも地元のお客さんのおかげでやっていける」の意識では、この先、地方の企業はジリ貧です。私自身、もしも1億5000万円の借金がなかったら、下請けとして現状を維持する形で、現在も工務店を続けていたかもしれません。

私は借金のおかげで目を覚ましました。

実は、借金に関しては会社ではなく私自身の負債として現在も返済を続けていますが、この借金のおかげで経営者として目覚めたことを考えると、父親には感謝しかありません。

次はあなたの番です。

「借金をしろ」とは言いませんが、今すぐ大手と戦える武器を探すことをスタートさせ、所属する地域全体が豊かになるビジネススキームを考えるところから始めてみましょう。

1 「棟梁」がいなくなった大工の世界

棟梁がいなくなった
建築業界

40年で大工の数は
4分の1に

消費者はカタログと
CMで家を買う

職人には
物語が必要

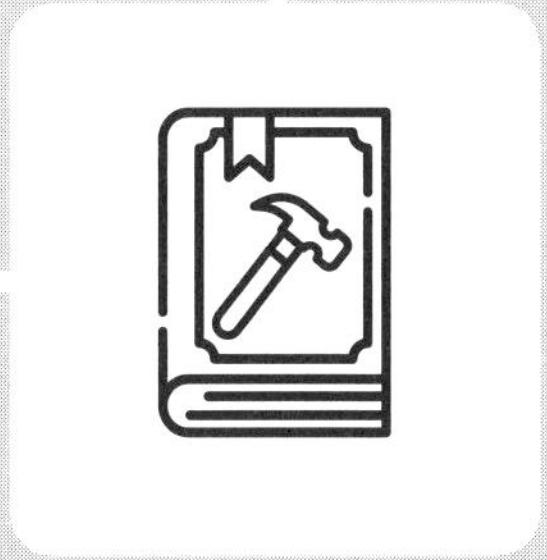

第一章

かつて家を建てることは地域のお祭りの1つだった

序章では地方の中小零細企業の経営者にスポットを当ててお伝えしてきましたが、本章では、私が身を置く建築業界にフォーカスして解説していきます。

私は経営者である傍ら「大工」としても30年以上、この業界にいますが、かつての大工の世界から考えると、この100年ほどですっかりと様変わりをしてしまいました。

少し〝昔話〟的な話も含まれるかもしれませんが、これほど大きな変化をした業界もなかなかないと思いますので、ちょっとした歴史を学ぶつもりで読み進めてもらえたらと思います。

今から100年ほど前までは、今でいう「建築業界」というものは存在しませんでした。

たとえば、ハウスメーカーの最大手である積水ハウス（積水ハウス産業株式会社）の設立が1960年です。また、大和ハウス（大和ハウス工業株式会社）の設立は1955年です。

それよりもはるか以前は建築業界――特に住宅に関しては「棟梁」と呼ばれる存在が住宅建築の一手を担う世界でした。

近代で言えば、明治から昭和初期にかけてのことです。各地域には町医者のような感覚で小さな工務店がたくさんあって、「この地域にはこの親方に頼む」という存在があったのです。

そして、実際に家を建てることになったら、お客さま＝町の人たちは棟梁のところへ行って依頼をしました。

仕事を請け負った棟梁は知り合いの大工や左官を呼んで座組を組み、実際に家の骨組みを建てるときには近所の人や、依頼者も加わって一緒に組むことをしていました。

その日はお祭りで、近所の人が総出で工事の様子を見守ったり、食事をふるまったりと、誰かが家を建てることは〝地域一帯のイベント〟として機能していたのです。

実際に、この文化はほんの40年近く前まで存在していました。

住宅建築が「工業化」してからでも、たとえば私が10歳の頃までは実際にこのようなことがあったのです。

棟梁はオールラウンダーであり、住宅建築はＣｔｏＣビジネスだった

棟梁がいた時代の住宅建築は、現在のようなＢｔｏＣビジネス（企業＝Businessが一般消費者＝Consumerを対象に行うビジネス形態のこと）ではなく、言ってみればＣｔｏＣビジネス（個人間取引）の世界でした。

棟梁は経営者として仕事を受注し、それを知り合いの大工や弟子に発注し、自分自身も大工として腕を振るう。実際に家を建てる際に使用する柱の選定や、木材の加工（「手刻み」と言います）も行い、現場では腕を振るうと同時に「現場監督」として全体を取り仕切ることもしました。

それだけではありません。

棟梁は「親方」として丁稚奉公の弟子を取り、4～5年かけて営業と技術と礼儀をきっちり教え、人格形成を行った上で独立させていました。教育者としての側面もあったのです。

そして、それによって小さな独立工務店が各地域にいくつもできるようになっていきました。「大工になるためには修行に入って数年間後に独立して自分の店を持つ」という歴史も生まれました。

言ってみれば棟梁は、住宅建築におけるプレイング・マネジャーであり、オールラウンダー的な存在だったわけです。

これは、かつては住宅の選択肢が限られていた時代だったからこそできていた仕組みだと思います。

昔の日本の家は「和室」「仏壇」「田の字の部屋」……と造りが決まりきっていて、冠婚葬祭も家でやっていましたから、そのような家で良かったのです。ですから、継承された技術がそのまま活かせる世界でした。

当然、家を建てるための職人の種類も少なかったです。それこそ「大工」と「左官」がいれば家は建てられました。

大工が全体を木で造り、左官は壁や床や土塀などをコテを使って塗り仕上げる。これで家ができました。

ちなみに、大工と左官という職業は西暦500年代の飛鳥時代からあったそうです。その当時は、大工（木造建築の職人）は「右官」と呼ばれていました。

私が聞いた話では、日本では昔から右よりも左のほうが上とされます。たとえば、右大臣と左大臣では左大臣が上です。

ですが、宮中の建築（当時から木造建築です）を担当する木工寮という部署があり、そこに所属する職人を「工部《たくみべ》」と呼んでいました。

そのことから、天皇に仕える職人としての敬意を表して、木造建築を扱う右官を「大工《おおだくみ》」と呼ぶようになり、それが音読みに転じて大工《だいく》と呼ぶようになったそうです（これには諸説あって「江戸時代になってから呼び方が変わった」というものもあります）。

そして、その統率者のことを「棟梁」と呼ぶようになったそうです。

資本主義化によって日本から「棟梁」が消えた

ですが、このような大工の世界もやがて陰りを見せ始めます。

大東亜戦争が終わり、日本が焼け野原の中から復興し、経済が成長していくにつれて、ライフスタイルそのものに変化が起きるようになりました。

一番わかりやすいのが「核家族化」です。

それまでは大家族で、家は親から子へ受け継がれるものだったのが、同居が減り、子どもも世帯が単独で家を持つ時代になりました。国税調査によると昭和40年（1965年）の62・5パーセントをピークに、日本では核家族化が進行したそうです。

また、仕事のスタイルにも多様化が起き、夜勤で働く人が出てきたり、残業が日常化したり、自宅で起業する人が出てきたり……とそれまでとは異なる働き方をする人が増えるようになってきました。

1950年代後半からは「白黒テレビ」「洗濯機」「冷蔵庫」の家電3品目が「三種の神器」として喧伝されるようになると、家でテレビを見る人が増えてきたり、冷蔵庫や洗濯機を置くための場所などが求められるようになりました。

するとどうなるかというと、これまでの大家族向けの家は不要になってくるのです。4人家族が不自由なければ特に問題ない、20～30坪ほどの小さな家のニーズが増えていきました。

冠婚葬祭も、専門の式場が出現したことでアウト・ソーシング化できるようになると、家はますます「生活するための場所」になっていきます。

ちなみに、これと時を同じくしてマンションも登場します。

4人家族で住むなら2LDKのマンションでも十分です。子どもたちは大人になると巣立って自分の家を持ちますから、結婚をして20～30年用の養育期間をまかなえる広さで十分なのです。

ちなみに、日本初の分譲マンションは1953年の「宮益坂ビルディング」だそうです。「天国の100万円アパート」という触れ込みの11階建てで、当時の東京・渋谷の風景の中で一際目立つ存在だったようです。

ライフスタイルが多様化し、求められる家の形も同時に多様化していった社会では、家はもう〝大工1人の力ではまかないきれないもの〟になってしまいました。

材質も、それまでの木造建築から鉄筋コンクリートや軽量鉄骨が登場し、家そのものの材料や加工方法も変わっていきました。

加えて、ここに先述の大和ハウスや積水ハウスなどのハウスメーカーが登場してきます。

資本主義化（売る仕組み、作る生産性の変化）によって、家はそれまでの「職人仕事」から「工業製品」になっていったのです。

言ってみれば、それまでＣｔｏＣだったものが工業製品化でＢｔｏＣのビジネスになったと言えるでしょう。

当然ながら、棟梁や大工たちの立ち位置も変化します。

棟梁の存在はほとんど不要になり、大工は「職人」から「作業員」になっていきました。

そしてその変化は、不可逆なものとして今日まで継続されているのです。

工業製品化で家は「儲かるビジネス」になった

住宅の工業製品化、住宅建築がＢｔｏＣビジネスになったことそのものは、悪いことではないと私は思います。経済が発展し資本主義化が進めば、どの業界においてもこのような変化は起こりうるものだからです。

ただ、これによって住宅建築の職人たちが置かれた立場は、悲惨なものになったとも思います。なぜなら、かつての職人たちのほとんどすべてが「大手の下請け工務店」になってしまったからです。

それまで棟梁と消費者が直接行っていた依頼と受注の取引を、ハウスメーカーの営業が行うようになりました。消費者はテレビやカタログを見て家を購入する。その契約は営業と消費者間で取り交わされるようになったのです。

家が「儲かるビジネス」になり、「売って作って管理する会社＝ハウスメーカー」が主流になったことで、大工などの職人たちはかつてのように個人で仕事を受注することが、難しくなりました。

代わりにハウスメーカーの下請けに入って、ハウスメーカーから仕事を受注するようになりました。これまでのように材料を自分で仕入れて、加工をして……といったことがなくなり、ハウスメーカーの工場である程度まで加工された材料を現場で組み立てるだけの工法がメインになっていきました。

言ってみれば、元請けからの依頼をこなすだけの作業員になったのです。

現在の住宅の建築現場に行くと、大体次のような状態になっています。

現場には日ごとにさまざまな職人が出入りし、指示に従って家を組み立てる。

集まる業者は地盤屋、基礎屋、屋根屋、外壁屋、電気屋、設備屋、サッシ屋、雨どい屋、塗装屋、レッカー屋、内装屋、ワックス屋、掃除屋などの個人工務店や個人事業主たち。

そして、それらを管理する「現場監督」として大手ハウスメーカーの現場担当者が1人。現場監督は「現場を取りまとめる人」として、かつての棟梁のようなイメージが湧くかもしれませんが、あくまでも工事が納期に間に合って、設計図通りに家が完成するかを管理する人であって、先述のようなプレイング・マネジャー&オールラウンダーとしての棟梁ではありません。

外側の立てつけとしてはBtoC（ハウスメーカーと消費者）であり、内側の立てつけとしてはBtoB（ハウスメーカーと個人工務店・個人事業主）となったことで、住宅建築は商売として成り立つようになりました。

その果実は大きく、ハウスメーカーもどんどん大きくなっていきました。たとえば、積水ハウスや大和ハウスの2020年度の売上高は2兆4000億円を超えています。

しかし一方で、そんな儲かるビジネスの裏側では、かつての職人たちが下請け作業員として〝使われる〟現実が存在しています。

そこにはかつての棟梁としての威厳や威光、人々からあこがれられる職人としての輝きは存在しなくなってしまっているのです。

40年間で大工の数は4分の1にまで減った

現在、大工という仕事は昔のようにあこがれられる仕事ではなくなっています。

49ページの図をご覧ください。

これは野村総合研究所が総務省「国勢調査」より予測した、日本の大工人数の推移を示したものです。1985年には81万人だった大工の人口は減少の一途をたどり、2030年には21万人に減ると予想されており、その数はなんと4分の1です。

さらに年齢分布を見ても50歳以上が約半数で、29歳までの若手の数はほんの1～2万人しか見て取ることができません。

職人の減少、大工の高齢化に加えて、技術を継承できる後続が極めて低いこの状態は、大工の全体的な技術力の低下を推測させます。

さらに、生産性向上によるプレカット工法（伝統工法や在来工法などのように職人が現場で部材を加工するのではなく、あらかじめ工場で機械的に部材を加工し、現場ではそれを組み上げていく工法）の普及で、そもそも木造住宅のリフォームや建築のできる大工が

大工の人数の実績と予測結果

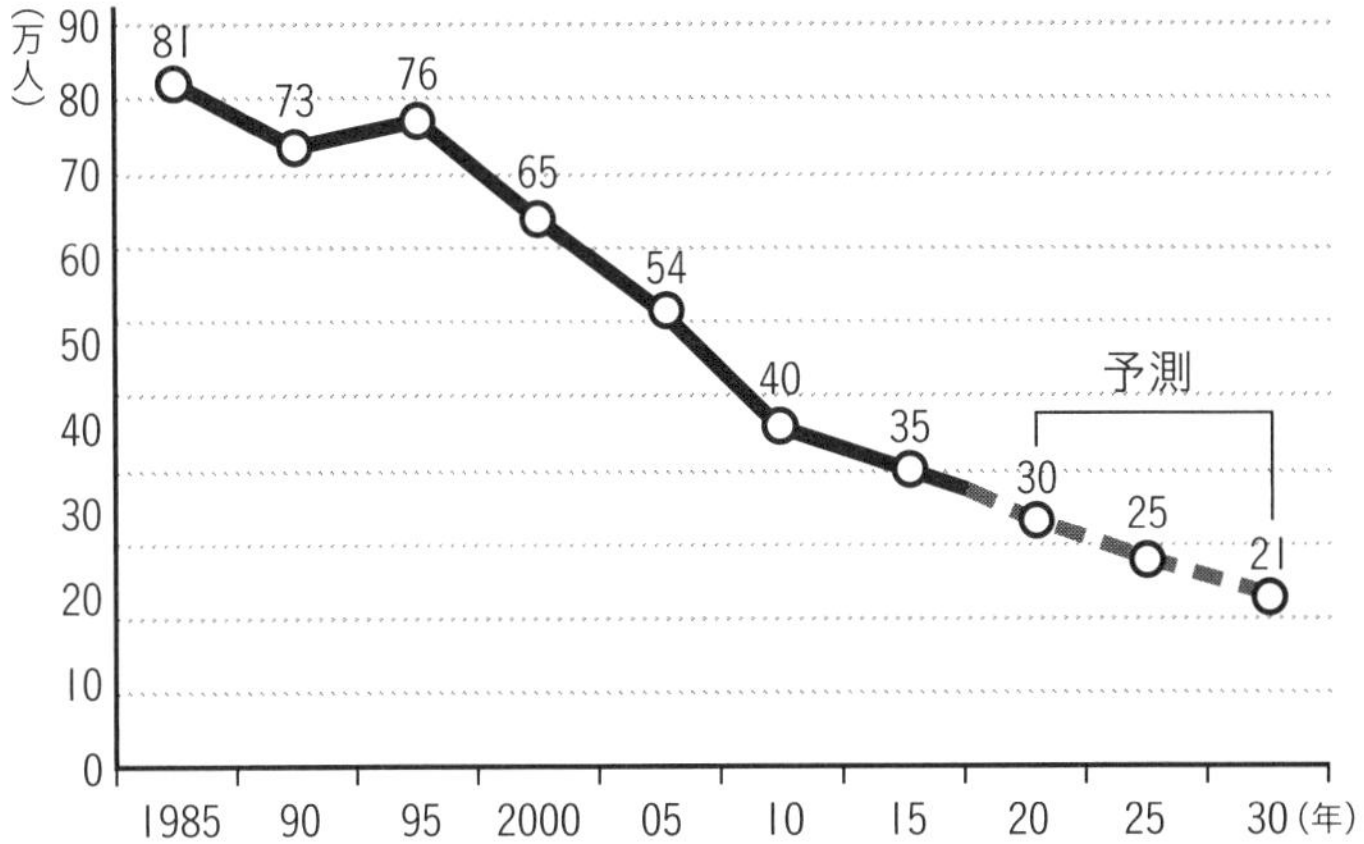

減少しています。

このままでは、この先20年後には、日本から作り手がいなくなってしまうのではないか、と私は危惧しています。

なぜ大工は「稼げない仕事」になったのか？

このような状態になってしまった背景には、先述の大手ハウスメーカーの台頭による職人の下請け化に加えて、大工の仕事が稼げない仕事になってしまったからでもあります。

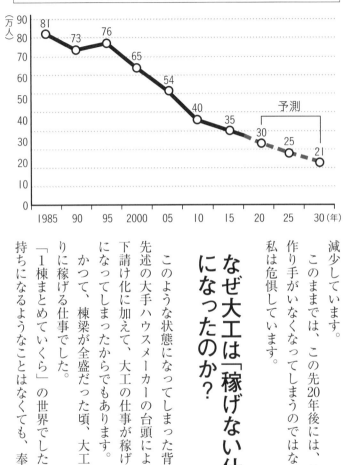

かつて、棟梁が全盛だった頃、大工はそれなりに稼げる仕事でした。

「1棟まとめていくら」の世界でしたので大金持ちになるようなことはなくても、奉公に入っている弟子を育てたり、集めた職人たちに手間賃を払っても、きちんと自分の〝魂を捨てずに〟食べていける仕事でした。

それが下請け化によって生きていかざるをえなくなりました。

「労働をしていくら」の世界になったため、働かなければ日銭が入ってこない、入ってきても自分が生活するだけの金額しかないことで人を育てる余裕がなくなり、自分の生活を維持するだけで精いっぱいになってしまいました。

当然ですが、人を雇うこともしなくなります。その年月が長く続くと、技術が継承できないまま、その大工は終わることになります。

または、運良く複数の仕事を受注できる小規模工務店で、弟子のような存在を雇えたとしても、大工の文化そのものが「独立して自分の食い扶持だけを自分で稼ぐ」という世界になってしまっていますので2~3年で独立されてしまい、結局は「雇っては独立」の繰り返しになってしまいます。

結局、大手の下請けをしている状態では、これらのやりがいのない無限ループから抜け出すことができないのです。

実は「なんちゃって経営者」が多い現代の大工

いくら稼げないとは言っても、現代でも個人事業主の大工は大手の下請けとしてそれなりの生活ができます。

本書の冒頭で大手の下請けだった私が月商150万円（月収100万円）を20代のときに得ていたことをお伝えしましたが、そこまでではなくても、たとえば月収50万円（年収600万円）の生活は可能です。

もちろん、大工道具の整備をしたり、交通費や食費や家賃などの各種経費がかかります。さらに自身の収入から税金も払います。すると手元に残るのは半分くらいになるのですが、目の前にまとまった日銭が入ってくることがわかると、やはり飛びついてしまいます。

個人事業主の場合は当年の売上に対する税金や年金などの納税が翌年の4～6月頃に来ますから、そのときに稼いで払えればいいわけで、目の前にある現金は「今、使えるお金」になるのです。

そして本人たちは、そんな自分を「個人事業主という名の経営者」だと考えています。修行をして独立し、自分の腕で稼いでいる一国一城の主だと思っているのです。ですが実際は、修業期間が足らずに基礎が身についていなかったり、大手の下請けしか仕事がないような現実だったりします。

私からすればそれは〝なんちゃって経営者〟です。

大手ハウスメーカーもそのことはわかっていて「今、この瞬間だけ、うちの仕事だけはきちんとやってくれればいい」という考え方の下、大工たち職人をできるだけ安く集めていると私は考えています。

実際に、大工という仕事に定年はありません。

仕事さえあれば、死ぬ直前まで腕を振るうことはできるでしょう。

ですが、実際にはピークは40代くらいまでです。年収的にも７００～８００万円くらいでしょう。仕事だって、同じ作業員なら高齢者よりは若い人に頼みたくなるのが経営判断です。

そんな先が見えない世界で、自分の体力だけを頼りに「今この瞬間のお金」のためだけにがんばっている大工（経営者）がとても多いです。

若者が大工になりたがらない現実

さらに言ってしまうと、大工は木造建築のプロですが現代においては、実はできる仕事が限られています。

大工ができる仕事は「新築」か「リフォーム」です。

ですが、新築に関しては、今はほとんどの消費者が大手ハウスメーカーに依頼をするので、大工が技術の粋を結集して腕を振るえるような純粋な木造建築の家はほとんど仕事がありません。

そうなるとリフォームになるのですが、リフォームも今度はホームセンターがほとんどを担ってしまっています。結局、職人たちはホームセンターの下請け業者として仕事をするしかありません。そこにやりがいはありません。

幸いなことに仕事自体はそれなりにあるので今は生活を維持できると思いますが、この先を考えると、やはり道は明るくありません。

個人で営む大工や、小さな工務店を経営している職人たちの中には、自分の技術を継承しようと考える人もいます。

ただ、そもそも人を雇う余裕がなかったり、仕事はあるけど人を雇うほどの分量ではなかったりすると、必然的に自分の子どもに手伝わせることを考えるようになります。手間賃が安く済むからです。

ですが、子どもは子どもで大手の下請けとして働く親の姿に自分の将来を重ねますから、あとを継ごうとはしません。当然、やりがいのない仕事につきたいと考える外部の若者も少ないです。

そうやって大工たち職人の高齢化が進み、人口が目減りしていき、技術が継承されず、やがては大工がいなくなる世界がもう目の前に迫ってきています。

私は、この流れは今のうちになんとかしないといけないと思っています。

今この瞬間はまだいいです。仕事があるのですから。

ですが、やがて仕事がなくなり、仕事そのものへのやりがいや喜びも失うと、本当に日本の大工の伝統は失われてしまいます。その兆候はすでに出ています。

一方で大手ハウスメーカーにとっても、作業をしてくれる人口の減少は「注文は取れても家を建てられない」という現実をもたらします。

おそらく、その際の大手ハウスメーカーの施策は外国人労働者を起用して、誰でも施工できる仕組みを考え、そういう家を販売していくことでしょう。

ですが、それでは日本に技術が根づきません。ただの〝対症療法〟であり、大工不足による日本の伝統の喪失の根本的解決にはならないのです。

消費者はカタログとCMイメージで家を買う

ここまでは「提供する側」の視点で話をしてきましたが、「購入する側＝消費者」の変化についてもお伝えしておきましょう。

家を買う際の消費者行動にも変化が起きました。

かつては家を買おうと思ったら必ず棟梁のところへ行っていましたが、今ではインターネットで調べたり、広告を見たり、ホームセンターへ行ってわかりやすいカタログを見て消費者は家を検討します。

ほかにも、強いのがテレビＣＭです。

ライフスタイルの変化によるものだと思いますが、最近ではターゲットが細分化されていて「小学生の男の子がいる家族向け」「結婚目前の同棲カップル向け（結婚後の新居）」「子育てが落ち着いた富裕層向け」など、さまざまなＣＭが作られ、放映されています。

これら大手ハウスメーカーによるイメージ先行のＣＭがテレビをつけるとバンバン流され、視聴者の購買意欲を焚きつけます。

このビジネスモデル自体が悪いものだとは思いません。

私も経営者として、工業製品化した家を販売するためにＣＭやネット媒体などの広告と、下請け工務店の力を借りて分業による効率化と生産性アップを図ることは企業努力だと思うからです。

ただ一方で、それによって職人の生きる道はますます暗いものになっているのです。

昔の家づくりはめんどくさかった

はっきり言って、昔の家づくりは〝めんどくさい〟ものでした。

棟梁のところへ行って（もしくは来てもらって）、話をして、見積もりをして、図面を引いて、確認をして……とやり取りに時間がかかりました。

1棟の家を建てる期間も1年くらいかかりました。今の2~3カ月で家が建つ仕組みと比べると雲泥の差でした。

ですが、そこには「1年のおつき合い」がありました。

家に使う柱を棟梁と消費者が一緒に見に行ったり、棟上げ（木造住宅の骨組みが完了すること）のときには、工事が最後まで無事に終わることを願って祈祷したり、現場関係者に料理やお酒を振る舞ったりして、労いの気持ちを表したりしていました。

それは家を建てる側・建ててもらう側双方にとっての楽しみの1つで、モノづくりの満足や「この棟梁にお願いして、こういう思いで建ててもらった」という目には見えない気持ちがあったのです。

そして、それは同時に家づくりが「物語」だった、ということでもあります。

職人は「物語」がないと生きていけない

現代では、その物語が失われつつあると私は考えています。

あるのは物語ではなく「値段」だけ。生産性を突き詰めた結果、1000万円で家が建つ時代になり、さらに日当を削られた職人たちは、それでも「ないよりはマシ」の精神で仕事を請け負います。

まさに「悪貨が良貨を駆逐する」の世界です。

これは誰が悪いとは言いませんが、全体の傾向としてこのような流れになっていて、イメージで「家を欲しい」と思ったらインターネットやカタログで値段を見て「払うローンの金額が家賃を払うのと変わらない」という感覚で購入を決め、20~30年くらいで建て替えたりリフォームが必要な家を買う現実が、実際に存在しています。

むしろ、かつては当たり前だった棟梁と一緒に家を建てることは贅沢品になってしまっています。

家を「建てること」ではなく「買うこと」が喜びになってしまっています。

ですが実は職人こそ、必要なのは「物語」なのです。「モノでナンボ」の世界に行くと職人は作業員になってしまって、その価値が失われてしまうからです。

私はその世界をなんとか良い方向に持っていきたいと思っています。

物語とともに「稼げる受け皿」が必要

この職人としての大工を育成し、後世に残していく取り組みは、私のような民間企業の経営者以外にも、日本政府による振興として過去に行われました。

それが「大工育成塾」です。大工育成塾は、伝統構法を活かした木造住宅を建築する大工を育成するために、国土交通省によって２００３年10月から国費３億円を交付する形で開始されました。

趣旨としては、伝統的な木造軸組住宅の良さを活かした住まいづくりを推進するために、大工に必要な知識や理論などを学ぶ「講義」と、工務店の現場に入って指導棟梁から個別実技指導を受ける「実習」を実施し、３年間の研修期間を通して未来の担い手としての大工を重点的に育成するものだったようです。

「だったようです」と書いているのは、結局、この塾は現在では実施がされていないからです。13期で４５０名の大工を輩出した後、２０１５年の４月の入塾を最後に、募集を停止しています。

停止した理由として、当塾の東京事務局からは「設立時に10年間を目標に取り組もうとしてきた。創立者が高齢となったこと、また財政的にも厳しい状況が続いており、このタイミングとなった」とあります。

私にしてみれば、結局はこの国の取り組みも、現在ではほとんど使われない技術を継承したことに失敗の原因があったのではないかと思います。

この取り組みによって「伝統文化はすばらしい」と考えた若者たちが450名も参加し、技術を学んだと思います。ですが、実際の現場では力を発揮できなかった。その理想と現実のギャップに愕然とし、辞めていってしまったのだと思います。

別に国の政策を批判するつもりはありませんが、私としては、もっと大工がきっちり稼ぐことができて、しかも将来の不安のない、未来のある仕事であるようにしていく必要があると思います。

その仕組みを変えずに技術だけを継承しても、活躍の場が整備されていなければ――つまり、「受け皿」がなければ成立しないと思うからです。

職人には物語が必要です。そして同時に、利益を上げられる仕組みも必要です。

現在ではそれが、下請け仕事がほとんどになってしまっていて、未来がありません。それを変えるのが、私の仕事の1つだと思っています。

2

「人」は会社を成長させるために採るもの

中小こそ、
人を採れ

新卒と中途、
採るべきはどっち？

新卒採用に必要な
3つの考え方

10年先を見て、
人を採る

第二章

中小零細企業は今こそ人を採るべき

ここまで、地方の中小零細企業の経営者のことや、私が身を置く建築業界のことについて、なかなかつらい現実の話を続けてきましたが、だからと言ってまったく希望がないわけではありません。

中小零細企業でも断トツで地域ナンバー1になったり、同業界の大手企業とせめぎ合い、独自路線で勝っていくための秘策が存在します。

それは「人を採る」ということです。

人を採って、育てて、成長させていくことで、当たり前ですが会社も同時に成長し、売上高を上げ、3億円の壁を越えて地域で断トツな存在になっていくことができますし、同業の大手と戦っていくことも視野に入ってくるのです。

「いやいや、そもそも人が集まらないんだよ」

そんなふうに思うかもしれません。その気持ちはよくわかります。

大工の世界は下請け大工が山のようにいることに加えて、大手が地方の工務店を買収している現実があります。

大手にとっては、消費者からの注文を取れても作り手がいなければビジネスモデルが破綻してしまいます。ですから、今のうちに下請けの工務店を買収して自社の専属業者にしようとしているのです。

下請けの側からしても、専属になれば安定的に仕事が入ってくるため、メリットはあります。

ですが、それではいつまで経っても現状は良くなりません。

現在、少子化によって日本の労働人口はどんどん減っている状況です。

しかし、コロナ禍による雇い控えがあったとしても、それでも有効求人倍率が1を超えていたり、大企業でも9くらいあったものが3くらいにまで減っています（中小企業への人気が高まっている、ということです）。

労働人口が減る中で、雇う側はどんどん人の確保を優先し、雇われる側もこれまでほどは大手にこだわることがなく、中小企業であっても魅力的であれば就職を考える状況になっているのです。

決して「人が集まらない世界」ではありません。

むしろ、集まらないのは集まらない理由が存在しているからです。

人の集め方については次章で詳しくお伝えしていきますが、まずは本章で「中小零細企業こそ人を採る戦略が必要」ということを胸に刻んでいただきたいと思っています。

「悪い人材」を雇うな。「いい人材」を採れ

人を採ることを考えるときには、重要なポイントがあります。

それは当たり前のことですが、「いい人材を採る」ということです。

いい人材を会社に入れることができれば、それだけで会社はいい方向に動き出します。

もちろん、会社としてやるべきことは存在しますが、そもそも人材が良くなければ会社はいい方向にすら進みません。

ちなみに「いい人材」と「悪い人材」を私なりに定義すると、いい人材とは「1を伝えたら2〜3をやろうとする人材」のことで、悪い人材とは「10を伝えても2〜3くらいしかできない人材」です。

これが大手企業であれば別に構わないのです。

大手の場合はいい人材が自分からエントリーをしてきます。言葉を選ばずに表現すれば、海に投げ込んだ網の中に魚のほうから入ってきてくれる状況なわけです。

仮にその中に悪い人材がいたとしても、抜群の安定力を誇る企業体として長いスパンで教育をすることができるでしょう。

ですが、中小零細企業はそうはいきません。

そもそも大手のように何十人も何百人もエントリーが来ません。雇えても1〜2人というところ（多くても10人以下）でしょう。

悪い人材が１００分の1なのと10分の1なのとでは、1パーセントと10パーセントでパーセンテージがまるで違います。

それに、そもそも人を雇う余裕がギリギリの中小零細企業が1人でも悪い人材を雇ってしまうと、それだけで会社の手間を多く取られてしまい、本来の業務に差しさわりが出ます。

ですから、あえて批判を恐れずに断言しますが、中小零細企業こそ雇うべきはいい人材であり、人を採るときには悪い人材を自社に入れないよう注意を払って採用活動を行わなければいけません。

そして、本書でお伝えするいい人材とは「新卒」です。

人材は中途採用よりも「新卒」にこだわれ

採用する際、気をつけなければいけないのは「新卒にこだわる」ということです。中途社員や第二新卒よりも優先したほうがいいと言えます。

そして、新卒を採用する以上、採用活動は今すぐ行わなければいけません。

なぜなら、やはり人を育てるには5～10年はかかるからです。

多くの会社は「即戦力」としての人材を求めます。

そして、中途採用で即戦力を入れようとしますが、地方の中小零細企業に即戦力人材はなかなかやってきません。

都心の大手企業であればその望みもありますが、即戦力になるようないわゆる「できる人」はそもそも今いる会社を辞めませんので、辞める場合は何かの事情があったか、人材そのものに問題があるか、仮に転職するにしてもわざわざ都心から地方へはやってこないのです（というか、そう考えるべきです）。

もしも、そういう人材を求めるのであれば、地方の中小零細企業は都心の大手企業が提示するのと同じかそれ以上の条件を提示する必要も出てきます。要するに給料です。ですが、それはなかなか難しいでしょう。

次に、第二新卒ですが、第二新卒は「一旦は就職したが、短期間のうちに転職をする人」のことで、これは一見すると新卒と変わらないように見えます。ですが、第二新卒は何が原因だったかはさまざまではあるものの、前職を〝短期間で〟離れた人たちです。

私の経験上の話にはなりますが、第二新卒と面接をした際に多いのは「前の職場は自分に合っていなかった」「ついた先輩が悪かった」「自分に合った職場を探している」などのような〝他責〟の考え方です。

必ずしも本人のせいばかりではありませんが、新しい職場でも同じように振る舞い、前職と同じように短期間で退職する可能性があるということです。

新卒は「金の卵」、それ以外は……

私がここまで中小零細企業に新卒採用を勧めるのは、新卒は会社にとって「金の卵」とも呼ぶべき存在だからです。

金の卵とは「未成熟だけど高い潜在的能力を持つこと」のモノの例えです。

新卒はそれこそ白いキャンバスのように真っ白なので、あなたの会社が目指すべき方向をまっすぐに受け止め、行動をしてくれます。

そして、育て方次第では潜在能力をフルに引き出し、活用し、長い目で見たときに会社の次世代を担っていく存在にすることもできます。

私の会社は創業から18年経ちますが、創業当初のメンバーには「今の若手＝新卒が将来、この会社の利益を上げていくんだぞ。だから、大事に育てなさい」と伝えています。

そのくらい新卒には化ける可能性が秘められているのです。

この視点に立って考えると、中途採用や第二新卒などは「金の卵」であるとは言えません。化ける可能性が0とは言いませんが、新卒に比べるとその伸びしろは小さいと言わざるをえません。

もちろん、すべての中途採用や第二新卒がそうだとは言いません。人によって能力はさまざまだからです。

あくまでも私の経験則に基づいた判断ですが、経営者として会社を100年続かせる観点で見ると、真っ白な状態からきちんと教育をした新卒のほうが、会社の未来を任せる存在になる可能性は高いと考えられるのです。

なぜ高卒よりも大卒を採るべきなのか?

ここまでお伝えしてきた新卒を採ることは、地方の中小零細企業にとっては、はっきり言ってしまうとハードルが高いことです。

私の会社でもこれまでに採用には数々の試行錯誤を行ってきましたし、今では安定して毎年10人前後の優秀な新卒が入ってきてくれていますが、最初からうまくいったわけではありません。

ただそれでも、私は新卒、中でも大卒雇用をやめようとは思いません。

「工務店だったら、むしろ若い高卒を雇ったほうが早く、長く成長させられるんじゃないのか?」

そんな声も聞こえてきそうですが、私からすると、大卒と高卒には大きな差があるのです。

何よりも違うのが「就職への意識」の差です。

工務店の例で話をしますが、もしも高卒で人材が欲しいと思えば工業高校へ行って「○人欲しいです」と言えば、学校からの紹介で簡単に人を雇うことができます。

このとき、経営者は学校からの紹介なので断れません。面接をしてエスカレーター式に就職が決まります。

これは学生の側からすれば就職率100パーセントということになります。面接で志望動機を聞いても「先生から言われたから来た」の世界で、これは就職活動をしている大学生とは意識レベルが180度違うのです。

一方で、大学生は2~3回生になると就職のことをイメージし始め、早い子であればインターンを始めたり、優良企業にエントリーを開始して「自分が将来どこに就職するか」を真剣に検討し始めます。そこには当然、給料や福利厚生、社会保険、自分と会社の将来性などの視点が入っています。

選ぶ側でもあると同時に選ばれる側でもあるので、言ってみれば就職戦争で勝ち残るために必死で、「いかに自分を雇うメリットがあるか」ということをアピールしてきます。「誰かに言われたから来た」という姿勢とは、意識レベルがまるで違うのです。

人間性で見た場合でも、大学生の多くはアルバイトをしたりインターンをしたりして、入社した時点で社会のことを少し知っていたりします。昨日まで学生だった高卒とは、その部分でも差が生まれます。

また、そもそも「大学に行くこと＝何か学びたいことがある」「(今は不明瞭だが)自分の未来のために今勉強をして、いい会社に入る」ということです。単に学力や知識レベルが高いだけでなく、学ぶことへの欲求も高いのです。

自分を成長させる欲求が強い、と言い換えてもいいでしょう。その時点で高卒とは意識レベルが全然違うのです。

さらに、大卒は成人式も済んで、大学で勉強するとともに遊んでもきているので、ひと通り社会に出る前の〝通過儀礼〟を終えていることもあるのかもしれません。

会社に入って教育をすることを考えると、高卒よりも大卒のほうがずっと楽ですし、かけた労力に対する見返りも大きいのです。

自分が高卒だからわかる「大卒と高卒は意識が違う」

こんな風にお伝えをすると、

「高卒をナメるな！」

「偏見でモノを語るな！」

というお叱りの声も出てくると思います。

決して言い訳をするわけではありませんが、ここまでお伝えしていることはすべて私が実際に経験してきたことをもとにお伝えしています。

私自身が「高卒」なので、高卒の気持ちはよくわかるのです。

私が工業高校を卒業して（勉強の成績はいつも下から2番目でした）大手ハウスメーカーに就職したとき、考えていたのは「早く現場で働きたい」「早くお金を稼ぎたい」というものでした。

「この会社をもっと良くしてやろう」とか「自分が会社の未来を担う存在になる」とか

「いずれは自分がこの会社の社長になる」という意識は1ミリもなかったことを覚えています。

むしろ、大卒に対して「勉強ばかりしてる」という意識があり、「大学は賢い人間が行くところ」という意識もあって、それが屈折して「先に社会に出ている自分のほうが偉い（自分以上に偉い人間はいない）」とすら感じていました。

だからこそ、わかるのです。実際に高卒を面談した際、「昔の自分と同じだな」と感じることが多々あったのです。

結局、私のこの〝大卒コンプレックス〟はのちに捨てることになるのですが、そうでなくても、実際に採用活動をしていても、大卒の子たちはみんな優秀です。

20歳そこそこで自分の将来をここまで真剣に考え、それこそ結婚相手を選ぶように企業を吟味し、選ばれる側でありながら、選ぶことにも妥協しないために自分を磨き、そんな自分にプライドを持っています。

その姿を見ていると、批判をされるかもしれませんが、あえてこう言いたいのです。

「高卒と大卒は意識が違う」と。

経営者は今すぐ「大卒コンプレックス」を捨てなさい

中小零細企業の経営者は大卒コンプレックスを今この瞬間に捨てるべきだと私は考えています。

私見にはなりますが、中小零細企業経営者には高卒者も多く、彼らは大卒に対するコンプレックスを持っていると思われます。

もしかすると、コンプレックスを捨てることはなかなか難しいかもしれませんが必要なことです。

私の場合は半ば強制的に、ショック療法のような形でこの出来事はやってきました。それが冒頭でお伝えした父親の借金でした。

1億5000万円の借金を抱え、毎月1000万円近い返済を迫られていた私は下請けから元請けになる覚悟を決めました。下請けは言われた価格で仕事をしなければいけませんが、元請けになれば値段をコントロールできるようになり、自社の利益率を考えられるようになるのです。

自宅の隣にあった倉庫を仮のショールームにリフォームし、手作りのチラシで集客をして注文を取る日々。同時に経営の勉強も始めていたので、最初の3年間は睡眠時間を削ってひた走る毎日を送っていました。

「ホームページがあると家が売れる」という話を本で読めばその通りにしたり（と言っても、10万円くらいの自分で作った素人レベルのものです）、「工務店日記」というブログを書いて建築中の現場で写真を撮って載せたりと、とにかくできることは全部やるつもりで働き、何とか借金を返済しながら、徐々に売上を上げていきました。

現在の社名の「木の家専門店 谷口工務店」という名称も、最初は個人事業主の商号として取得し、後の法人化で社名にしました。

高卒の大工を雇って育てることもこの頃から始め、元請けになって2年後には最初の大卒を雇うなど、育てることも同時に行っていきました。

そんなふうに少しずつ組織として売上を上げながら仕事をしていた4期目（2005年）に私の大卒コンプレックスとプライドをズタズタにする出来事が起きました。

年末になって、支払いができなくなってしまったのです。

請求書8000万円に対して口座に1万円しかない

当時、私は「売上3億円を超える」を目標に仕事をし、実際に前年の時点でその目標を達成していました。社員も10名になり、個人事業主でありながら組織としての形を成していました。

ところが、12月になって銀行口座を見てみると、なんと1万円しかなかったのです。売上は立っていたのにお金が入ったらその分を返済に充てるような自転車操業な経営（とも呼べないものですが）を行っていたため、その年の年末になって各業者へ支払うお金がなかったのです。

私は素直に支払いを待ってもらう旨のFAXを協力業者に送りました。

業者の中には「なんとか待ちます」というところもあれば「借金してでも今すぐ払え」「うちに先に払ってくれ」「脅しに行くぞ」というところもありました。

毎日のように督促の電話が鳴り、電話口では怒鳴られたり、泣かれたりする日々が続きました。「谷口のところは潰れる」という噂を流されもしました。

大みそかと正月の2日間だけは電話が鳴らなかったので、この2日間だけが天国で、あとは地獄の日々でした。

私は大みそかに会計士を呼びました。

「これはヤバいですね。（会社を）潰しますか？」

そんな提案がありました。ですが、実際に仕事はあったので、待ってもらえれば支払いは可能でした。

「一か八か10年計画を作って、正月が明けたら銀行に直談判しましょう」

私は慣れないＥｘｃｅｌで10年後の売上計画を作り、年が明けて４日に信用金庫の支店長へ直談判して、約３０００万円の融資をしてもらい、さらに翌年の売上も加えて協力会社への支払いを行いました。


借金をしてから、そしてこの支払いを待ってもらった出来事の間中、私はとにかく頭を下げっぱなしでした。

当時の私は「自分が一番偉い」と思っている〝猿山のボス〟でしたから、人に頭を下げることが嫌で嫌で仕方がありませんでした。

ですが、振る袖がないのなら、頭を下げるしかありません。なんとか待ってもらって支払いをするしかないのです。そんな日々の中で、私のプライドはズタズタに引き裂かれました。

そして、一旦プライドを失ってしまうと、おもしろいもので今まであった大卒コンプレックスもきれいさっぱりなくなってしまいました。

むしろ、相手を認められるようになり、それまでは「机の上で勉強していたような人間にわかるか」精神だったものが、採用活動を通して「彼らはすごい」と思えるようになったのです。

今では、面接で将来のことを真剣に考えて話す大学生の姿は尊敬に値すると感じられるほどです。

何度もお伝えしていますが、中小零細企業が地域ナンバー1になり、大手と戦っていくためには「優秀な人材＝新卒」を取るしかありません。

その際、経営者がコンプレックスを持っていると、なかなか採用はうまくいきません。

それは何も私のようなパターンでなくても、「高卒の自分に大卒は扱えない」というパターンでも同じです。

インテリなイメージのある大卒に対して敵対するわけでもなく、卑下するわけでもなく、自社の未来を担う存在として活躍してもらう視点で認め、育てていく視点を持ってもらいたいと思います。

新卒採用をするときに持つべき3つの考え方

次章からは具体的に新卒を採用する方法についてお伝えしていきますが、その前に、新卒を採用するために経営者として持っていただきたい3つの考え方があります。

1つ目は「自社を小さい会社」だと思わないことです。

序章でもお伝えしましたが、別の企業と比較すればどこの会社も「小さい」ということになってしまいます。たとえば、私の会社は積水ハウスや大和ハウスと比べると圧倒的に小さいですしネームバリューもないです。

ですが、小さいからと言って選ばれない理由にはなりません。魅力がないわけでもないのです。あなたの会社にはあなたの会社なりの魅力がありますので、それを「小さい」という言葉で潰さないでもらいたいのです。

2つ目は「できない理由」を探すことをやめることです。

1つ目につながってきますが、小さいがゆえに「あれができない」「これができない」とは言わないことです。そのような制約を言うと、就活生はその企業に魅力を感じなくなってしまいます。

むしろ、経営者が積極的に「こういうことをしたい」「こういうことができるようチャレンジした」という前向きな姿勢を示すことで、就活生は「自分もそのチャレンジに参加しよう」という気になってくれます。

3つ目は「入社することで幸せになる」ということを示すことです。

今の就活生が一番気にすることは「ブラック企業かどうか」です。

ただ、労働時間が長い、残業代が出ない、パワハラがあるなどのイメージはあっても、具体的に示された条件がブラック企業かどうかは判断できません（比較するものがないからです）。

ですから、条件面で大手よりも劣ることは考えずに、就職すると幸せになれることを伝えてください。そして、そのためには経営者自身が自社の未来を明るいもの、働くことで幸せになれる職場だと認識している必要があります。

はっきり言ってしまうと、中小零細企業の強みは「人」です。

自社の人間的魅力と、将来の会社のビジョンを明確にし、「うちで働くと幸せになれる」という考え方にシフトしましょう。

10年先を見据えて「人」を採ってから仕事を取る

ここまで読んでみて、それでもこんなふうに考えるかもしれません。

「人を採っても仕事がないと意味がない」

たしかにその通りです。仕事がないのに人だけがいても、人材がダブついて、人件費だけがかかって、むしろ会社の利益を圧迫してしまうでしょう。

それでも、あえて私は言います。

投資すべきは、中小零細企業の強みである「人」だと。

経営者として人を雇うことは怖いことです。それは私にとってもそうですし、この本を読んでいるあなたもきっとそうでしょう。

私の場合は借金を返すためにほかに選択肢がありませんでした。人を増やし、売上を上げる以外に返済方法がなかったのです。ただ、先に仕事を取ったからと言ってこれが成功していたかと言うと、それは違うと思っています。

むしろ、元請けになることを決断して人を雇うことを先に考えました。人を増やさなければ、いくら仕事が増えても回せないからです。大手が工務店を買収している話をお伝えしましたが、それも同じ考え方によるものです。

それに人を育てるのは、やはり5~10年はかかります。

急に仕事が増えたからと言って採用を始めても、仮に人数が揃ったとしても仕事としては間に合いません。10年先を考えて先行投資で人材を育て、そこに仕事をあてがっていくから回りますし、継続していけるのです。

会社は「人ありき」です。

その考え方で創業18年目を迎え、売上は右肩上がりを続けています。この18年間、人に投資することをやめず継続してきた結果だと思っています。

いきなり10人でなくても構いません。

まずは1人でも2人でも、新卒を採ることを〝イメージするところから〟始めてみてください。それで業績が上がれば翌年はまた1人、また1人と、少しずつでもいいので会社の規模を大きくし、売上を上げていくことをイメージしてみてください。

いい人材を取り、きちんと教育をしていけば、その未来は実現できます。

そのためにもまずは「人を採ること」を検討してみてもらいたいのです。

3

就活生が魅力を感じる会社のつくり方

「営業募集」はNG

採用活動はGWまでに終える

就活初心者をキープする

コミュニケーションは営業の3原則で

第三章

「営業募集」では地方の企業に人は集まらない

中小零細企業が「人」を採ることを考えるとき、やはりそこには大手企業がやっているのとは違う方法論を取っていかなければいけません。

大手であれば、社名の知名度やブランド価値がすでにでき上がっているため、「職種募集」で人が来ます。そもそもその企業に就職したいニーズが就活生側にあるからです。

ところが、中小零細企業には基本的にそれがないものとして考えてください。

本章からは、それらの「方法論」をお伝えしていきましょう。

会社が成長していくために必要なもの、それは「売上」です。

売上を作るのは「営業」です。ですから、経営者が新たに自社の売上を伸ばすために人を雇うなら、欲しいのは営業ということになります。

ところが、世間一般の感覚で言うと営業は〝不人気職種〟の1つです。

外回りがキツい、毎月のノルマがつらい、相手が欲しいと思っていないものを売りつけるのがしんどい、など理由はさまざまだと思われます。
欲しいけど来ない。このすれ違いをどう解消するか？
答えは「見せ方を変える」です。

氷河期に1000人集まった「クリエイティブ職」

私の会社では、毎年500人から多い年には1000人のエントリーがあります（滋賀県の田舎の中小企業では異例中の異例です）。

最寄り駅はJR近江八幡駅なのですが、そこから徒歩で会社には行けません。車を使わないと通勤できないような場所（車で15分はかかります）にもかかわらず、ちゃんと会社をリサーチした上で就職サイトから応募してくる数がそれくらいなのです。

その理由は、私の会社では営業の〝見せ方〟を変えているからです。

具体的には「設計職」として募集します。

設計はいわゆる「クリエイティブ職」です。そして、クリエイティブ職は今の世代にとても人気があります。10年くらい前の就職氷河期の頃でも1000人近いエントリーがあったくらいです。

また実際に、会社説明会に来る2～300人の就活生たちの8～9割が設計士を希望します。

花形職をいかにクリエイティブに見せるか？

「就活職にウソをつく、ということか？」

そう思われるかもしれませんが、違います。

実際に私の会社では設計士が営業を兼業します。

これは大手との違いを出すためでもあるのですが、大手ハウスメーカーの場合は設計士（デザイナー）、営業、現場監督などの職はすべて分かれていて（現場作業は下請けの工務店）、それぞれ別の担当者が分業で行います。

ですが、それでは生産性は上がっても、かつての「棟梁」のようなスタートからゴールまでお客さまと一緒に家を作るスタイルを再現できません。

もちろん会社経営として、かつての生産性の悪かった（それで成立していた）棟梁の時代をそのまま踏襲するわけにはいきませんので、設計士と営業を兼業にしているのです。

設計士が営業を兼業することにはメリットがあります。

設計士として家を設計するときには、お客さまのニーズをきちんと把握しておかなければいけません。

私の会社では約25人の設計士がコンシェルジュ的に提案から完成まで、お客さまに寄り添った家づくりをしています。そうなると、設計士は単に設計業務だけではなく、お客さまのニーズをヒアリングし、形として提案して、最後まで二人三脚で共に歩んでいく必要があります。

ですから、営業としての側面も必要になってくるのです。

さらに言ってしまうと、私の会社の社員は半数が大工なのですが、大工の経験も設計士や営業をするときに役立ちます。優秀な設計士になるためには現場経験が絶対に必要だとさえ思っています。

設計士になったときに現場を知らないままで図面を書くと、実際の立体物にしたときに生活しづらい建物になってしまうこともあります。

すると、現場からまた設計士に図面の差し戻しが行われ、ロスタイムが生まれたり経費のムダが生じたりして、建物自体のクオリティーが下がってしまいます。

私の使命は「日本一腕のいい大工集団を作る」ことです。

そのためには使命と事業を両輪で回していかなければいけません。

大工として現場の経験を積むことは、現場で木材や鉄骨がどのように組み立てられ、職人たちがどんな気持ちで、どのような段取りで建物を造っているのかを知ることができます。

結果的に、実際の建築をイメージした設計をできるようになり、設計士としてのレベルも上がり、かつ納期通りの完成や、会社のムダな経費削減にもつながるのです。


大工も不人気職の1つですが（最近は変わってきましたが）、このように見せ方によっては人気職にすることができます。

ポイントは、あなたの会社の「花形職」と言われる部分を、いかにクリエイティブに見せるか、ということです。

たとえば「開発職」「技術職」などもクリエイティブ要素があるので人気です。ただ現実を考えてみると、決してクリエイティブなだけではない、地味だったりしんどい部分もあると思います。

重要なのは、その職種のクリエイティブな部分を見つけ、それを言葉にして募集職種として打ち出すことです。そうすることで、通常は人が集まりにくい職種でも応募が殺到するようになります。

「この会社は何の会社か」を明確にする

この本を読んでいるあなたがどんな業態なのか、私にはわかりません。

私と同じ建築業（工務店）なのか、飲食業なのか、物販業なのか、流通業なのかはわかりませんが、採用活動を始めるにあたっては「自分の会社は何の会社か」ということを今のうちから明確にしておきましょう。

それは単に「建築業界の工務店です」というレベルではありません。

何を専門的に行っているのかを明確にするレベルで考えるのです。

たとえば、私の会社名は「木の家専門店 谷口工務店」です。

特化させているのは文字通り「木の家」です。それとモノづくり要素がマッチして、就活生の魅力にヒットしているのです。

私がこの社名にしたのも、ビジネス書で「『○○専門』にしたほうがお客様が集まる」

と読んだからでした。このような何か尖った要素があるほうが、就活生たちは興味を強く持ってくれるのです。

自社が、同業界の中でも他社と比べて何に特化しているのかを一度考えてみましょう。

さらに、私の会社では「モノづくりができる」ということをアピールしています。「最初から最後までお客さまと関われる」「設計と大工が連携して仕事をするから楽しい」といった、働いてからイメージできる要素も同じように考え、就職サイトに掲載しています。

採用活動はゴールデンウィークまでに終わらせる

あなたが今、本書を読んでいるのが何月なのかはわかりませんが、もしも5月の、ゴールデンウィークを過ぎたあたりに読んでいて、今すぐ今年の採用活動を開始しようとするのであれば、ちょっと待ってください。

おそらく、そこにかける数十万円の採用募集費はムダになるか、仮に人材が来てもそれは「いい人材」とは限らないからです。

採用の世界はスピード勝負です。

ここに中小零細企業に勝てるポイントがあります。

そして、スピード勝負でいい人材を採用しようと思うと、そのリミットはゴールデンウィークまで。この時期を過ぎて残っている就活生（大学4回生）を採用しても、いい人材はなかなか捕まらないのです。

逆に、9月や10月の秋頃に読んでいるのであれば、今すぐ始めるチャンスだと思ってください。

優秀な学生は2回生の頃からインターンを検討し始めて（インターンをしている企業を探し始めて）、3回生の3～4月からエントリーを始めたり、就職活動も3回生の夏が終わった頃から意識をし始め、10月頃から始めます。

もちろん、それまでに優秀な学生同士の情報交換もしています。

これは企業側もわかっていて、人材は「川上」からアプローチしていくことを行っています。優秀な学生は先を見る能力を持っていて、できるだけ早い段階から企業側が獲得のために動くことで求める人材を採用できると心得ているのです。

逆に、ゴールデンウィークを過ぎると中小零細企業にとっては、いい人材を獲得するのは不利になります。

その頃になると、ほかのライバル企業も採用活動に力を入れているので、それこそ人材の取り合い――レッド・オーシャンになります。

名前の売れている企業や、中小企業でもブランド性のあるところであれば別ですが、そうでなければいい人材は獲得できません。たとえば、私の会社くらいの知名度と規模の会社では獲得合戦に参加しても勝てる見込みがないのです。

ですから、採用活動は9～10月の秋ごろから就職サイトで募集をかけてエントリーを募り、会社説明会、数度の面談を経てゴールデンウィークまでに終わらせてください。

繰り返しになりますが採用はスピード勝負で、中小零細企業はフットワークの軽さが武器です。タイミングを逃さないように採用活動をスタートさせましょう。

人材の選別は会社説明会からすでに始まっている

ここで、学生の就職活動の流れをざっと説明しておきます。

まず、就職サイトで自分の希望する企業を見つけた学生は「エントリーシート」を送ってきます。名前や学歴、志望動機、自己PR、大学時代の活動（がんばったこと）などを記入したものです。

企業側はこれをもとに書類審査を行い、自社で行う会社説明会に参加してもらうよう通知し、日程調整を行います。中には会社説明会に参加した人にしかエントリーシートを送らせないようにしている企業もあるようです。

会社説明会のあとはさらに人材を絞り込んで面談（面接）を行います。面談の回数は2～3回です。「人事担当者」「現場の社員」「役員クラス（社長など）」が順番に面談を行いますが、この辺りの回数や担当者は会社によってさまざまです。

そして、最終面談を経て採用したいと思った人材に対しては「内定通知書」を送ります。中には就職するに際して必要な資料（学生に記入してもらう）や「内定承諾書」が同封されており、内定承諾書にサインをして返送してもらう形でその人材があなたの会社に就職して来る手はずになります。

もちろん、これはその後に内定辞退が起こらなければの話ですし、ゴールデンウィークまでにここまでを終わらせていても、その後は食事会や社内研修など、採用した人材の心が離れてしまわないようにする必要があります。

キラキラと輝く「一番優秀な学生」を見つける

その上で、ポイントとなるのは会社説明会です。

就職サイトでエントリーを募ると、大体そのうちの20パーセントくらいが会社説明会にやってきます（会社説明会は自社内で行います）。私の会社であれば500人のエントリーで100～200人くらいがやってくる計算です。

このときに私が見るのは「キラキラと輝く一番優秀な学生」がいるかどうかです。そのようなキラキラと輝く学生は「どこに行っても受かる学生」です。50人いれば2～3人はそういう子がいます。

これは経営者や、人材担当者であれば一目見ればわかります。絶対に逃してはいけません。

仮に、キラキラする子がわからなくても、採るべきは優秀な人材です。

パレートの法則から派生した「2：6：2の法則」があります。組織が生まれると優秀な上位2割、平均的な中位6割、優秀ではない下位2割に分かれる、というものです。

その中でも採用すべきは「上位2割」の優秀な学生だけを狙います。

大手であれば中位6割が混じっていてもいいですが、多くても10人程度しか採れない中小企業は上位2割だけを狙わないといけません。そうすることで、他社から「どうしてそんなにレベルが高いの？」という社員だけを採用できます。

初回面談が採用活動のすべてを決める

営業活動でも同じですが、初回の面談はとても重要です。

初回の面談で悪く植えつけられてしまった印象＝第一印象は、覆すのにかなりの時間と労力がかかります。一説では、一度決まってしまった第一印象を覆すためには、その相手と2時間じっくりと語り合う必要があるそうです。

残念ながら採用活動でそこまでの時間は取れません。

だからこそ、最初の面談での印象が大事なのです。

エントリーして、わざわざ会社まで足を運んできた就活生の印象を決めるのは、説明会での冒頭です。この日の印象で採用活動のすべてが決まると言っても過言ではありません。

私自身もこのときは初っ端から登壇して就活生を迎え、パワーポイントのスライドを使って会社の将来性や私自身のこと、これから目指している会社のビジョンなどを伝えます。

そして、「それを一緒に実現しよう（実現するのは私ではなく皆さんです）」という流れに持っていきます。

会社説明会は就活生たちに会社の情報を与えPRする場ではありますが、同時に企業側は彼らに良い印象を与え、採用するべき人材を早めにキープする場でもあるのです。

スピード勝負で「就活初心者」をキープせよ

私が「採用活動はスピード重視」とお伝えする一番の理由は、早く始めれば早く始めるほど「就職活動を開始してすぐの学生たち」を採用することができるからです。

彼らは基本的にほかを知りません。まだ始めたばかりなので右も左もわからず、自分の就職への「想い」が大きなエネルギーとなって就職活動を行います。

そういう学生は、面接でも本音で話をしてくれます。

たとえば、私は最終面談で入社してほしい人材に対しては「うちとしてはぜひ来てもらいたいですが、内定を出したら本当に来てくれますか？」と問います。

その際に「はい、ぜひ入りたいです」という意味合いの返事をした場合、その学生は内定辞退をすることなく、約1年後の就職の際に来てくれる可能性が極めて高いです。

逆に「実はもう一社と迷っています」や「あ……はい」と返事に時間がかかるような場合は、内定を出しても就職には至らない可能性が高いです。


もちろん、これは私の経験則から導き出された考え方ではありますが、就活初心者ほど、本音の度合いは大きくなります。

これがゴールデンウィークを過ぎて就職活動に慣れてくると、だんだんと〝就職するための打算〟が入ってくるようになります。本音では入りたいとは思っていないのに、保険として「ぜひ御社で活躍したいです」という発言になります。

そうなってしまうともう本音を見極めることができなくなります。

ですから、ぜひとも入ってもらいたい人材を見つけたら、早い段階で内定を出してしまいましょう。

それこそ最終面談で社長自身が面談し、採用したいと思ったらそこで口約束を取りつけてしまうのもありです。意思決定をもらったら後日、正式な内定通知書と必要書類、内定承諾書などを送付してサインをもらいます。

もしくは私の場合は、ぜひとも採用したいと思った人材には私自らが手紙を書き、実印を押して内定通知書を送付します。実印を押すことでこちら側の本気度を伝えています。

内定承諾書は就活生がサインをすることで企業からの内定を承諾し、入社の誓約をすることになりますが、これも辞退ができないわけではありません。

企業側は内定を出しても安心はしていられないのです。

ですが、その場合でも就活初心者なら「契約をした」と思ってもらえることが多いので内定辞退になる可能性は下がります。

いい人材ほどたくさんの内定を取るので、たくさん辞退するのです。

会社を成長させるような優秀な人材を採用しようと思ったら、ただ単に就職をしたい学生よりも、「この会社に就職したい」と思う学生を採用しなければいけません。そういった人材は金の卵ですから、私も実印を押すのです。

そういった学生を採用するためには、やはりスピード勝負で採用してしまうことが肝心なのです。だからこその「ゴールデンウィークまで」でもあるのです。

採用すべきは「素直」「誠実」「嘘をつかない」学生

では、具体的にどういう学生を採用すればいいのか？

それは「素直」「誠実」「嘘をつかない」の3つがある学生です。

素直というのは、実は人間において特に大事なものだと私は思っています。

過去に支払い苦に陥ったときも、私は素直に頭を下げて「支払いを待ってください」と言いました。離れていく人もいましたが、逆に残ってくれたことで信頼関係が増した取引先もたくさんありました。

また、下請けから元請けになろうとしたときも、学歴のない私は〝成功の教科書〟であるビジネス書を読みあさって、そこに書かれていたことを素直に実践しました。ホームページを作ったり、大卒を採用することも本から学んだのです。

だから、現在があります。

不思議なことに、素直で誠実（愚直と言ってもいいかもしれません）な新卒は、会社に入ってから伸びます。会社側が教えることを素直に吸収し、成長し、育ってくれるのです。そういう意味では、田舎でも進学校を出ているくらいの大学生がおすすめです。

素直な人間は同時に「嘘をつかないこと」を兼ね備えています。できることはできる、できないことはできないと素直に答え、学ぶための努力ができるのです。

そういう新卒は人間としての本音がきれいです。本音がきれいな人間は自分の心もきれいにしておかなければいけないので、自然と悪口を普段から言いません。社内の人間関係を良好に保つためにも、これは大事な要素です。

同じスペックの学生なら「相手に好印象を与える人間」を採る

そして、もしも同じレベルの学歴や能力＝スペックを持っている学生がいて、どちらかしか取れない状況になったら、おすすめするのは相手に好印象を与える人間を採用することです。

好印象を与えるとは、笑顔が良かったり、愛嬌があったり、もう一度会いたくなる印象を与える人のことを指しています。

単に見た目を整えるという意味ではなく、内面から自身を磨こうと努力しています。

そのような人間を採用すると社内が活性化します。お客さまに対して印象を良くするだけでなく、社員同士のコミュニケーションも潤滑にしたり、身だしなみに気を配れたり、いい影響を与えてくれるのです。

当社では社内結婚も多く、仕事へのモチベーションにも結び付き、必然的に愛社精神も上がります。それによって、会社全体が勢いづくのです。

また、彼らを採用した場合、会社説明会などに参加してもらうことで、次の世代の就活生があこがれを持ち、志望度合いを上げてくれるといういい循環も生まれます。

就活生とは「営業の3原則」でコミュニケーションを取る

このようにして採用活動を行っていくとき、企業側が心がけないといけないのは就活生とのコミュニケーションです。

先述のように、内定を出して承諾書をもらったとしても、内定辞退という形で約束を反故にされてしまうことはありえます。そうならないためにも、最初の段階から「営業の3

原則」を使ったコミュニケーションを心がけましょう。

営業の３原則とは「まめに」「口に」「段取り」です。

これは営業活動の基本で、まめに取引先と連絡を取って良好な関係を継続させること、気の利く一言を入れることで親密度を上げていくこと、スケジュールで段取りを組んでスムーズに事を運んでいくことです。

採用活動に当てはめると、まず「まめに」は連絡です。

エントリーをしてもらったあとの連絡、説明会への案内、面談のセッティングはもちろんのこと、採用したあとでも１～２カ月に一度は連絡を取って、たとえば内定者懇親会（内定者だけを集めた食事会）や研修会の通知や、営業同行やアポ取りの電話といった入社前のＯＪＴをするための連絡をするのです。

ただ、「まめ」と「しつこい」は紙一重です。

好きな人からの小まめな連絡はうれしいものでも、嫌な人からだと不快感を与えるだけです。この辺りは見極めが必要になってくるので注意が必要です。

次に「口に」は実際のやり取りです。

私が学生だった30年以上前にはあったのかもしれませんが、今では圧迫面接は絶対にＮ

Gです。連絡や説明会や面談などで就活生と話をするときは、基本的にはいいところを探し、相手をほめて認めてあげるように心がけましょう。

そして個々の就活生の能力を見て「会社に入ったらどんなことができるか」「培った経験や能力をどう発揮できるか」というプラスの想像をさせるように話すのです。

もちろん、これは伝える側も本気でそう思っていないといけません。

そういう意味では、採用担当者や経営者は一途ではなく、公平にみんなを愛せるほうがいいです。愛するためには相手のことを個別に興味を持って知ることが必要です。

最後の「段取り」はまさにスケジュールです。

ゴールを決めて、そこまでどういう段取りで進めていくか、その手順を考えましょう。

ゴールはゴールデンウィークまでです。

では、そこから逆算していつから採用活動を始めればいいか、採用してからの内定者のためのイベントもどういうスケジュールで進めていくか、そのための連絡をいつまでにするのか、といったことも先に決めておくといいでしょう。

ちなみに世間一般では、就職活動の時期として（国や経団連の定めで変化はありますが）大学3回生の3月から就職サイトが解禁になっています。

そうなると解禁時期に照準を合わせて採用活動を考える企業も多いとは思いますが、優秀な学生はそれよりもずっと前から就職活動を始めています。ですから、その辺りも加味したスケジューリングが必要です。

せめて2~3人は採用するつもりで活動する

ここで1つ、私の過去の失敗例をお伝えします。

今では毎年10人ほどは採用している私の会社でも、昔はさすがにそれだけの採用は難しく3人にとどめた頃がありました。

ですが、大卒採用を始めて2年目の頃、採用した3人全員が内定辞退をしてきたのです。

当時は今ほど就活生に対する動機づけが強くなくて、ほかに就職活動をしていた内定先に採用したかった人材をとられてしまったのです。

ただ、そのときでも最終的にはなんとか2人を採用しました。

このように、実際に採用活動を行っていても必ずうまくいくとは限りません。

むしろ、本書を読んで始めても最初は失敗が多いと思います。

それでも捨てないでいただきたいのは、「せめて2～3人は採用する」という心づもりです。

新卒生にとって「同期の存在」とはとても心強いものです。

どんな会社でもそうですが、必ず理想と現実のギャップが存在します。新卒はほかを知らないので他社との比較はできませんが、自分のイメージとのギャップは誰にでもできます。

最初は仕事ができなくて叱られたり、できない自分を自分で責めたり……そんなときに、同期の存在があることは心の支えになるのです。

また、私の会社でも同期だけで集まって食事をさせたりすることがあります。

プライベートでも、集団の中に自分と同級生がいると一気にその人との距離感が近づいた経験が一度はあると思いますが、同期にはそれだけの「仲間感」があるのです。同期がいることでライバルになるため「あいつには負けない」とモチベーションを上げてくれる要素にもなります。

採用を考えるとき、どうしても2～3人を採ると年間で2000万円くらいのお金がかかってくるので「まずは1人から」と考えるかもしれません。

ですが、1人の採用では同期は生まれません。

せめて2人。それでも1人が退職して独りぼっちになってしまうことを考慮すると、できれば3人の採用を検討してもらいたいと思います。

会社によって規模や考え方があるので強く言うことはできませんが、これから採用を始める決心をするのであれば、2~3人を採用するつもりで事業計画を見直してもらいたいです。

大卒は社長の「大義名分」で採れ

ここまでさまざまな角度から大卒の新卒を採用する方法をお伝えしてきましたが、それでもまだ、踏み切れない人もいるかもしれません。

「募集しても応募があるかわからない」

「雇っても仕事が取れるかどうかわからない」

「採用しても働いてもらえるかどうかわからない」

「自分より優秀な人材を育てられる自信がない」

たしかに、その気持ちはわかります。

私自身は借金で人を雇って売上を上げる以外になかった（選択肢がなかった）ために思い切ることができましたが、冷静に考えると人を雇うことは企業にとっては〝博打〟です。

ですが、行動に出なければいつまでも現状維持です。

時間だけが過ぎ、その間に人も会社もどんどん年を取ります。

ですから本章の最後に、博打のハードルを少しだけ下げてみたいと思います。


それは「情熱」です。

私は、すべての経営者は情熱を持っていると確信しています。

なぜなら、会社を興したときのきっかけは、自身の事業を通して社会に何かを貢献したい使命感や、訴えかけたい・変化させたい正義感があったはずだからです。

そして、経営者の「想い＝情熱」は使命感や正義感からやってきます。

もしかすると、それはまだ言葉になっていないかもしれません。

経営者の心の中で漠然とした灯としてくすぶっているだけかもしれません。

それはそれで構いません。これを機に「言葉」にしてしまえばいいだけなのですから。

しかも、それは今からでも構いません。要するに〝後づけ〟でいいのです。

私の場合は、自分の情熱を明文化して「建築業界を良くする」と大義名分を打ちました。

これは大手ハウスメーカーから独立した23歳の頃にはなかった言葉です。あとになってから作った大義名分です。

まずは自分の中の情熱を見直し、そこに「世のため人のため」という要素を足して言葉にするところから始めてください。

そして、その情熱を実現するためには「人」が必要です。

だから今、人を採用するのです。

経営者が勝てるのは「情熱」しかない

この大義名分は、最初は腹落ちしないかもしれません。

ですが、言い続けているとやがて自分の身となり骨となり血となります。

大義名分を掲げられるのは経営者だけ。経営者の情熱だけが、自分よりも優秀な社員に勝てる唯一の武器です。

そして、情熱を持って夢を語れるのも経営者だけです。

私の場合は「積水ハウスを超えていずれ日本一になる」という夢を語ります。売上高2兆4000億円の積水ハウスと売上高20億円の谷口工務店では100倍以上の開きがありますが、夢はこれくらいオーバースペックでも構いません。


情熱のある経営者は夢を語り、大義名分を掲げ、自分より能力の高い大卒の新卒を採用することを恐れる必要はありません。

逆に就活生(特に現代の若者たち)は、そのような情熱で会社の旗振りをする人について行きたい傾向が強いです。

会社説明会や面談のときでも、この大義名分を伝え、それを一緒にかなえてくれる仲間を探すつもりで情熱を持って採用を行えば、就活生は「この会社で自分の力を発揮したい」と思ってくれます。

中小零細企業には「経営理念」や「ミッションステイトメント」といった、今や当たり前になった考え方がないところが少なくありません。そして、自社を小さな会社だと考え、大きな夢を語ることを避けているところが多いです。

ですが私はむしろ中小零細企業こそ、それをすべきだと思います。

そして、きちんと言葉にして発信し、同じ旗のもとに集まる優秀な仲間を集めるべきです。

そのスタートは、経営者自身の中に秘められています。

採用活動をするにあたって、ぜひそれを思い出してもらいたいと思います。

第四章

4 会社の未来を担う人材の育て方

フィロソフィー手帳を配布する

社長と定期的に面談する

「給料」+「やりがい」が大事

人を育てられて一人前

教育は何はともあれ「最初」が大事

本書の冒頭で、中小零細企業が取るべき戦略は「採用して、教育して、成長させること」だとお伝えしました。優秀な新卒（大卒）を採用し、自社にとってのいい人材を確保することができたら、次は「教育」のフェーズに入っていきます。

この教育とは、単に技術を教えることではありません。

仕事や技術については、本書の読者の会社でそれぞれ教えることや教え方があると思います。

私はその1つひとつには言及できませんので、ここでお伝えするのは会社の未来を担う存在としての人材に成長させるための教育です。

そう考えていくと、すべてにおいて教育は「最初」が大事です。

私の会社では、新卒は最初の1年間は「研修期間」のようなものです。

優秀な人材であっても、いきなり仕事ができるはずがありませんので、まずはいろいろな現場を知り、会社全体の業務を把握した上で適材適所に配置して、各部署で教育を行っていきます。

ただ、入社して最初の2カ月は新卒だけを集めた全体研修を行います。

私の会社では加工場（木材を加工して造り付けの家具などを製造するための工場）があり、その2階の20畳ほどのスペースを研修場所として、新卒たちは入社すると毎日そこに通って研修を行うのです。

もちろん、研修では一般的なビジネスマナーなども教えますし、2カ月の間に数日間ずつ、全社員に全業種の現場を体験させますが、それは私の会社特有のやり方なので、本書では特筆して2つのプログラムをお伝えします。

最初の研修で「未来の会社」を描かせる

1つ目のプログラムは「会社の未来」を描かせるものです。

具体的には「10年後の自社の姿」を、3～4人のチームに分けて考えさせ、課題とします。10年くらい前から継続しています。

これはぜひ実践してみてもらいたいのですが、希望にあふれた新卒たちの頭の中からは、かなりおもしろいアイデアが出てきます。

「宇宙に支店がある」「山を買ってテーマパークにしている」「琵琶湖に巨大な湖上ドームがある」など、個性的なアイデアが私の会社でも過去に出ています。中には私と同じビジョンを語るチームもあります。

そして、最終的にこれらのアイデアは全体でプレゼンテーションを行います。卒業式には先輩社員の前でプレゼンテーションも行います。それによって先輩社員たちはかつての自分たちの姿を思い出し、刺激になるのです。

新卒たちに夢を考えさせ、かつ自分たちで描かせて語らせることは、会社の行く末を「自分事」にするためにとても重要なプログラムです。

社員としての仕事への本気度も、これによってアップさせることができます。

さらに、これらのアイデアは単に夢物語ではなく、私自身のこの先の方針のヒントにもなります。経営者が1人でトップダウン的に旗を振ることも大事ですが、社員からのボトムアップによって自社の可能性が広がることもありえるのです。

最初の研修で「未来の自分」を描かせる

2つ目のプログラムは「自分の未来」を描かせるものです。

具体的には「1年後、3年後、10年後の人生プラン」を「個人・家庭・仕事」のそれぞれ10項目ずつ書かせ、さらに「その未来を実現するために行動すること」も10個ずつ書かせます。

これを書くときは好きなことを書かせるようにします。

恥ずかしくても構いません。それぞれの社員たちが思い描く自分の未来を自由に描かせるのです。たとえば、私の場合であれば「茶人になる」「億万長者になる」などを書いていました。

さらに、これを「ドリームマップ」にしてもらいます。

自分の未来の姿をインターネットから写真を拾ってきて貼りつけ、1枚の絵にしてもらうのです。私自身も過去に白分のドリームマップを作成しました。

おもしろいもので、このようにして描いた夢は往々にして何年かしたらかなっているものです。

過去に私は「笑顔」という項目を自分で作ってドリームマップを作ったのですが、そこにはほかの笑顔の写真とともにヤギの写真が貼ってありました（理由は思い出せませんが）。ちなみに現在、私の会社では2匹のヤギを飼っています。

夢を描かせ、そのための行動を書いて方向性を定めることで、自然と人のモチベーションは上がり、維持でき、夢をかなえていくのでしょう。

フィロソフィー手帳（経営哲学書）を配布する

加えて、私の会社では自社の事業（仕事）への考え方を明記した「フィロソフィー手帳」を作成し、配布しています。私が考える経営哲学を記したものです。

これは2012年から1年がかりで作成し、毎年少しずつブラッシュアップを加えながら社員全員に配布しています。内容としては、

・経営理念

・本冊子の役割
・事業の目的
・「経営」についての考え方
・「成長」するための考え方
・「チームワーク」についての考え方
・「豊かな人生」のための考え方
・「リーダー」としての心得

となっており、それぞれの項目について約10個ずつの文章が書かれています。

たとえば内容としては、経営についてであれば「人を雇うのは命がけ」、成長であれば「『できない理由』ではなく『できる方法』を考える」など、私の哲学＝フィロソフィーが文章化されてあります。

経営手帳は既存のものをマネして構わない

「いきなりそんなものを作るのは難しい」

もしかしたら、そう思ったかもしれません。でも大丈夫です。

私自身、たしかに制作に1年間という時間はかかりましたが、まったくの0からオリジナルで作ったわけではないからです。このような経営手帳は、既存のものを取り入れて自社なりにアレンジすればいいのです。

ちなみにフィロソフィー手帳は「3KM手帳」と「京セラのフィロソフィ手帳」を参考にしました。

3KM手帳は「人生の設計図を描く手帳」として一般で販売されています。

1冊3000円から本革使用は1万5000円もしますが、「個人・家庭・仕事の人生プラン」や1年の計画を立てる「1年間のカレンダー」など、企業と個人が成長するための項目が網羅されています。

経営者自身が1冊手に入れてみて、自社なりにアレンジするのにとても役立つでしょう（もちろん、あなたなりの参考になるものがあれば、それをアレンジしても構いません）。

成長のための定期的な面談を行う

ただ、このような手帳は作成して配っても基本的に社員は読みません。

重要度と緊急度のマトリックス

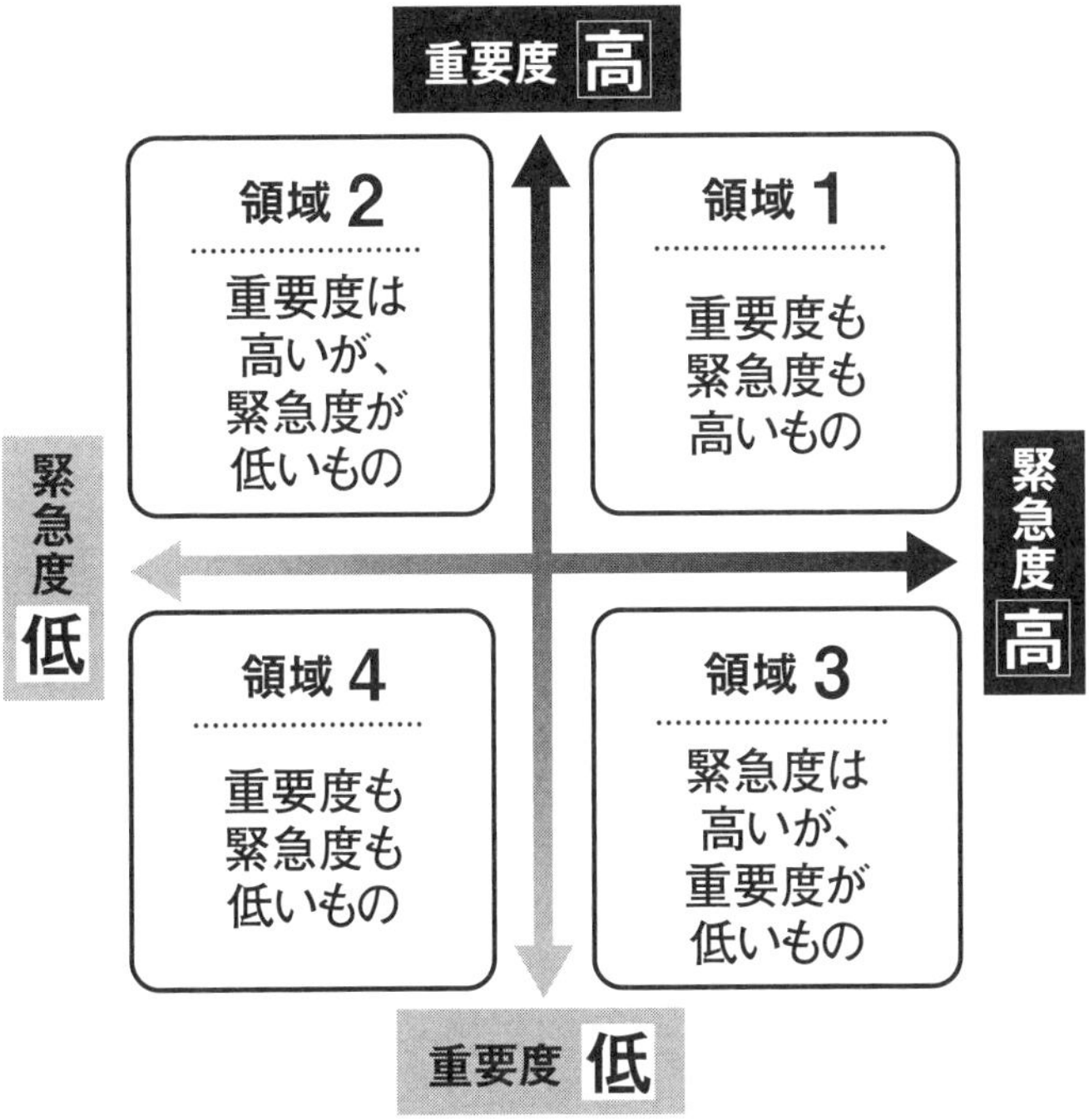

社員にとってはやはり目の前の仕事が大事で、それが終われば自分のプライベートな時間でやるべきことがあるからです。

スティーブン・R・コヴィー博士の有名な著書『7つの習慣』の中に「緊急度と重要度のマトリクス」というものがあり、これはタスクの優先順位を考えるときの指標です。

フィロソフィー手帳は「領域2：重要度は高いが、緊急度が低いもの」に該当します。

ですが実は、この領域の物事は4つの領域の中で最も将来への価値につながっています。たとえば、会社の将来のための長期的営業戦略や、社員の知見を高めるための研修や勉強会などです。

一方、人間はまず「領域1：重要度も緊急度も高いもの」から解決を始めるものです。社員にとっては日々の仕事のタスクがそれにあたります。

ですから、フィロソフィー手帳を読む優先順位が必然的に下がります。

これを回避するために、私の会社では「成長対話」という定期的な面談を行っています。全社員に年1回、朝6時半（職人の朝は早いのです）から1～2時間の面談を行います。かつて社員が少なかった頃は全員が2～3カ月で一周するくらいのスパンでしたが、現在では年1回になっています（私に出張などがなく、出社しているタイミングに限られますので）。

面談は近い距離で徹底的に話をさせる

このときに重要なのは、面談とは言っても緊張感のあるものではなく、あくまでも手帳の内容を強制的に読ませるよう仕組み化する目的であることと、相手側に話をさせるようにすることです。

面談では毎回項目を決めたフィロソフィー手帳を学ぶ勉強会や、各社員が持っているそれぞれの目標が達成できているかどうか、今考えていることなどを、とにかく徹底的に社員に話させる形ではき出させます。

これを継続することで、経営者と社員との間のズレを解消したり、逆に新しいアイデアをもらえたりします。ほかにも、普段では聞けない問題を知れたりして、会社の改善案につながります。

社員と相対するときのスタイルも大切で、テーブルを挟んで対面やL字型で話をするのではなく、「Tルーム」と呼ばれる社長室で私が実際に仕事をしている机の横に座らせて、一緒に手帳や書類やパソコン画面を見ながら話を聞きます。

相手も最初は緊張して硬直した雰囲気にありますが、徐々に打ち解けてきますので、あとは話を聞くだけです。

社内の昇進制度は見える形で共有する

成長する人材を育てていくためには、教育制度や理念を浸透させる仕組みとともにキャリアマップも明確にしておくことをおすすめします。これは採用時にアピールすることで、就活生の自社への入社の動機づけにも役立ちます。

具体的な昇進制度については個々の企業での考え方や役職の決まりがあると思いますので、あくまでも参考として私の会社のものを紹介します。

私の会社では「等級」を基準として1～7の段階を設けています。

すべての新卒（新入社員）は1等級からスタートします。私の会社では事務や経理、財務、メンテナンス（建てた家のアフターフォローの部署）などの「バックオフィス」を除くと「設計（営業も兼ねる）」と「大工（建設現場で作業する）」しかありません。

設計職と大工職はそれぞれ「専門職」と「マネジメント職」に分かれていて、成長する先で腕を振るい続ける専門職としてのキャリアを進むか、人を管理していくマネジメント職としてのキャリアを進むかを選ぶ（または、会社として判断する）ことができるようになっています。

また等級については、

・1〜2等級（25歳まで）ではひと通りの仕事をこなせるようになるまでの「一般職」
・3等級（26歳以上）ではデザイナーとして一本立ちできたり大工として現場監督の仕事ができる「判断職」
・4等級（30歳以上）ではマネジメント職としての仕事ができる「指導職」
・5等級（33歳以上）では部署全体をまとめられる「監督職」
・6等級（37歳以上）では10年先のビジョンを作れる事業部長クラスの「管理職」
・7等級（41歳以上）は経営者として会社の舵取りができる「部門経営職」

と分けています。

それぞれ年齢の目安も設けることで、社員は何歳までに自分のキャリアがどうなっていくのかを見ることができるのです。

ほかにも、その等級に上がるために必要な資格（国家資格など）や、人材として身につけておかなければいけないこと、できるようになっておかなければいけない仕事も明記しています。

現在、私の会社では6等級が最高の地位です。7等級はいません。

たとえば「専門職」としての大工で7等級になると「人間国宝レベル」です。6等級の条件である「大型工事」や「茶室の建築」などもできる日本でも最高峰の職人になっていなければいけません。

キャリアマップは必ず全社で共有する

このようなキャリアマップは、最初は作るのに苦労しますが、作っておくことで採用時にも役に立ちます。

会社説明会などで就活生に見せて、次のようにPRするのです。

「うちの会社は将来的にも成長していける会社です。会社として100年間の計画を作っていて、社長の自分が死んでも続くようにしています。就活生の皆さんがキャリアアップしていくために定年退職までの道筋を作っています。夢をしっかり見てもらえます。年収もいくらになるよ、という数字もあります。大手企業は競争が激しく、『活躍する』という意味では分業化されすぎているので、意見が通りづらかったりもしますが、うちならそういうことはありません」

ちなみに、このキャリアマップは全社員で共有するようにしてください。

どれだけ事前に昇進制度を見せていても、実際に働き始めると忙しくて目の前の仕事に追われてしまうものです。

そんなときに、何かのタイミングで確認できるものが必要です。

人間は目標があることでがんばれる生き物です。階段があると自然と登ってしまう生き物なのです。だからこそキャリアマップを作り共有することで、社員は自然と成長する道のりを歩んでいくことになるのです。

給料も大事だが現代の子には「やりがい」も大事

キャリアマップによる昇進の道のりには、当然ですが昇給も連動していないといけません。

ただ、給料の額面に関しては個々の会社でさまざまでしょうし、中小零細企業——特に地方であれば、なかなか大手と同じ額を払うのは難しいかもしれません。それでも、昇進と昇給が連動していることは必要ですので、この意識だけは持っていただきたいと思います。

ただ、1つ言えるのは、現代の子たちはそれほど給料を重視していない傾向があります。私のような団塊ジュニア世代で、しかも高卒で就職してたった4年で独立して自分の工務店を持ったような人間からすれば「稼ぐ」ということはとても重要でした。借金を背負う前の私は稼げるだけ稼いで使う生活を送っていました。稼ぐことがステータスであり、自分の能力の指標の1つだったのです。

ところが、今の世代を見ているとそうではない子たちが多いです。

あまり「お金が欲しい」ということを言いません。「自分の年齢くらいの給料でいい」という意見が多く、自分のように「1000万円でも2000万円でも欲しい！」とギラギラしていたのとは明らかに違います。

面談でも「いくら欲しい？」と言うと500万円くらいで、1000万円にはなりません。中には「700万円欲しいです！」と答えたので、それに見合った仕事と責任を渡すことを示唆すると「じゃあ、今のままでいいです」という子もいました（もちろん、それでもやる人間も存在しますが少数派です）。

今の世代の子たちからすると、給料アップのチャレンジよりも会社としての安定、ハングリー精神よりも仕事のやりがいや自分自身の成長、仕事に社会貢献的側面があるかどうか、といったことを重視します。

これは採用活動をしていても同じことを感じます。

安月給でこき使うような「ブラック企業」はもちろん嫌いますので、社会的な側面からもそのような給料体系はいけませんが、かといって給料でモチベーションを上げられるかというとそうではないのです。

この辺りのバランスは明確な線引きをするのは難しいですが、それでも意識として持っておくことで、社員の適切なライフワーク・バランスを構築していくことができるでしょう。

社員を採用活動に参加させる

私が採用活動で学んだことの1つに「みんな大手に行きたがる」というものがあります。大卒を採用することを始めた頃に、私はある就職フェアに行きました。

そこでブースを出したのですが、隣の積水ハウスや竹中工務店といった人気のハウスメーカーやゼネコンのブースでは立ち見が出るほど盛況だったのに、肝心の私のところは0人だったのです。

そのときに「みんな、大手に行きたがるんやなぁ」と実感しました。

ですが、これは採用活動に社員を関わらせることで解決できます。しかも、同時に社員の会社へのモチベーションも上げることができます。

就活生が大手に行く理由の1つが「安心」です。

この安心という動機は中小零細企業には望めません。ですから、中小零細企業はそれを超える魅力を打ち出すしかありません。

それが「人」です。人を大事にすること、人の魅力で戦うしかないのです。

その方法が採用活動を社員総出でやることです。面談や連絡のやり取りは当たり前で、会社説明会も総出でやります。人で人を採りに行くイメージです。

さらに、実際の話をする場でも経営者だけがするのではなく、社員に話をさせます。「うちのいいところを話してくれ」と言えば、社員は必死でそれを考え、就活生に伝えようとします。

何か言われたから考えるのではなく、会社が成長し、自分自身もいずれは昇進して部下となる人材の〝候補者〟に向かって話すのですから、自分事としてちゃんと考えるようになるのです。

しかも、この方法が一石二鳥なのは、社員が「会社のいいところ」を探すことで、会社のいいところに気づき、好きになることです。これは既存の社員でも新卒社員を教育する上でも変わりません。

人前でそのことを発表することで、自分の言葉を自分の耳で聞くため、「うちの会社はいい会社だ」と潜在意識にも入っていきます。

就活生にとっても、経営者がいいことを言うのは当たり前で、実際に働いている人が本気で会社のいいところを説明してくれることで信用度合いも上がります。

そう考えると〝一石三鳥〟かもしれません。

新卒教育にも既存社員活用にもなるこの方法を、ぜひ試してみてください。

「一人前」とは人を育てられる人になること

「一人前」という言葉の語源をご存じでしょうか?

諸説あるようなのですが、一説では料理に関係があるようです。

レストランで子どもが大人一人前の分量を食べるのはなかなか難しいですが、成長するにつれて食べられるようになります。これが転じて「一人前＝大人として認められること。大人と同じ能力があること」になっていったそうです。

またほかにも一説では、昔の家は茅葺《かやぶき》だったため、葺き替えするときには村中の人々が協力して、一定量の茅を持ち寄ったそうです。

その際に「決まった量を持ってこられれば一人前、できなければ半人前だと言われた」という話もあるようです。

あくまでも諸説あるようなのですが、社会人でも職人でも、社会に出ると「一人前」という言葉をよく聞くようになります。

私はこの定義を「人を育てられるようになること」としています。

腕を上げたり、仕事ができるようになったら一人前ではありません。人を育てられて一人前なのです。

これは、かつての棟梁の考え方に由来しています。

第1章でもお伝えしましたが、そもそも棟梁はオールラウンダーとして腕を振るったり全体を監督するだけでなく、「親方」として丁稚奉公を取り、4～5年かけて次世代の職人を育て上げて独立させました。

つまり、人を育てられる人だった、ということです。

そして棟梁が年を取って働けなくなったら、弟子たちや町の人たちが「あの人には世話になったから」と、今度は世話をしてあげる文化があったのです。

私はこれを古き良き日本の文化だと思いますが、現在は「個」が進みすぎたことで日本人は「自分よがり」になっていると思います。「自分さえ良ければいい」という考え方で働いたり、独立するようになってきていると思います。

ですが、この「支え合う文化」を失うことは、回り回って自分の首を絞めることになると私は考えています。

会社も同じで、社員を使い捨てにしていては、いずれ今の世代が年老いたときに会社を支える存在が消えてしまうことになります。

だからこそ、会社の未来を担う存在としての人材に成長させるため教育していかなければいけないのですが、そのときに重要となるのが「一人前の基準」なのです。

日本語の故事には「情けは人のためならず」というものがあります。

これは「相手のためにならないから情けをかけるな」という意味ではありません。むしろ真逆で「かけた情けは回り回って良い報いになって返ってくる（だから相手に情けをかけなさい）」という意味です。

人材育成も「人のためならず」です。ぜひこの考え方で人を育ててください。

教育は人間力を身につけるために行う

一人前に加えてもう1つ大事なのが「人間力」です。

一般的な教育とは別に本章でお伝えしているのは、人間力を身につけるための教育を行ってもらうためです。

人間力というと、かなり広義な話になってきますが、これも私なりに定義があります、それは「相手に与えられる力」です。

ビジネスをする以上、何かの商品・サービスを売らなければ成立しません。

大手企業であればランチェスター経営学における「強者の戦略」ができます。広告予算を何億円とかけてテレビCMを流したり、人気タレントを起用したり、大規模店舗を設置したり、全国チェーンを展開したり、ということです。

ですが、中小零細企業はそうはいきません。

逆に、同じくランチェスター経営学の「弱者の戦略」で何かに特化し、リソースを集中して一点突破で戦っていく必要があります。

その弱者の戦略の中には「人」も入っています。消費者のニーズの把握やコミュニケーションを強化して、人で売っていくことをしなければいけません。

人で売ることを考えるときに必要なものが人間力です。

人間力なしには消費者との人間関係は築けませんし、人間関係の築けていない間柄ではモノは売れません。中小零細企業で最も人間力のあるのは経営者自身です。だから、経営者が売ればモノは売れます。

ですが、それではいつまで経っても会社を大きくすることはできません。社員にも、人間力を身につけるための教育をしなければいけないのです。

ヒアリングで人間関係を構築する

具体的に人間関係を構築するための行動とは「ヒアリング」です。

とにかく相手の話を聞くのです。

たとえば、私がずっとやってきたのは、お客さまの「属性」をヒアリングして集めることでした。

「家が欲しい」と思ってお客さまがやってきても、基本的に彼らは「どんな家が欲しいのか」という具体的なイメージを持っていません。というか、漠然としているのです。

その漠然としたものを、ヒアリングを通して聞き出していきます。

「お2人はどこで知り合ったんですか?」「なんで結婚したんですか?」「どちらがプロポーズしたんですか?」「ちなみに、どんなプロポーズの言葉やったんですか?」など、自宅の傍の倉庫を改修して作った机と椅子とカタログしかないショールームで、お茶を出しながら、それこそ4時間でも5時間でも聞きました。

聞くことによって相手の好みが見えてくるのです。聞くだけで相手に共感でき、人間関係が構築されていくのです。

その上で「それでしたら、こんな家はどうですか？」と提案をする。すると「それそれ！」と最初にお客さまが持っていた漠然としたイメージと紐づくのです。

自慢ではありませんが、当時の私は成約率80％でした。

中小零細企業こそ属人性で売れる人材を育てる

この人間力を武器にヒアリングをする方法は、いわゆる「ホームランバッター」のやり方のため、生産性を重視する大手企業ではなかなかマネができません。

大手のように属人性を排除し、「コンスタントにヒットを打てるバッター＝みんなが同じ結果を出せるようにする」ために営業のマニュアル化や営業管理ツールの促進などが持て囃されていますが、私の個人的な考え方では、中小零細企業はむしろ属人性を排除すべきではありません。

属人性を排除すると商品力で勝負するしかなくなり、個々の商品力では勝っていてもラインナップでは大手には勝てないからです。それに、独自の商品があっても大手によっていつかコピーされてしまう日が来ないとも限りません。

中小零細企業こそ属人性を残してきっちりお客さまと向き合い、ヒアリングによって潜在的ニーズを引き出し、相手の感情に入り込むことが必要です。

それがその会社からモノを買うことの付加価値になるのです。

このような付加価値を与えられる人材に育てるためにも、教育は人間力を身につけるために行うことを忘れてはいけません。

お客さまの話を聞きながら「相手に何を与えることができるか?」を考える。

相手の役に立てるために、自分は何をどれだけ学べるかを考える。

質問に答えられなかったら勉強して次は必ず答えられるようにする。

このような考え方を教えていくことで、相手に与えられる力を持った人を育てていくことができるでしょう。

5 さびれた旧東海道の古民家がホテルに生まれ変わった

仕事に「やりがい」を
創出する

古民家を改修して
ホテルに

全国から棟梁が
町おこしに参加

大津が観光地に
生まれ変わった

第五章

仕事のやりがいのない会社に人材は入ってこない

優秀な人材を採用し、教育していくことをここまでお伝えしてきましたが、そもそもの問題として、その会社の仕事にやりがいがなければ人材は入ってきません。

しつこいようですがネームバリューで人を集められる大手企業に対し、中小零細企業は「人」で勝負していくしかありません。人で勝負する以上は人材が必要で、そのためには人材にとって魅力的で、やりがいのある職場づくりが必要なのです。

これはどの業界でも同じで、そういった職場を増やしていかないと企業も生き残れませんし、企業が生き残れないことは業界の衰退を意味します。

ですからこのことは、どの業界でも共通の問題だと私は考えています。

私のいる建築業界は「モノづくり」の業界です。

私の会社ではモノ＝家ですが、これはほかの業界では精密機器の設計だったり、繊維や木材の加工、食品や日用品の製造、音楽や映像処理などのアーティスティックな部分にも変化していくと思います。

日本は「モノづくり大国ニッポン」とも言われます。

日本の企業にとって、しかも99パーセント以上を占める中小零細企業にとって、モノづくりは欠かせないものと言えるのではないでしょうか？

建築業界――特に住宅において何よりもモノづくりと関わるのが大工です。

第1章でお伝えした通り、かつての「棟梁」がいなくなり、大工は大手ハウスメーカーの下請けとして生きていかざるをえなくなって、仕事のやりがいが極端に喪失しています。

このままの状況が続けば日本の大工の技術ばかりか、文化まで失われかねません。この事態を少しでも早く、確実に防ぐために、私の会社では大工を社員として雇用して教育するとともに、彼らに仕事のやりがいを創出する取り組みを行っています。

そして、その代表的なものとなったのが、2016年からスタートし2018年3月に完成した、滋賀県大津市での「HOTEL 講 大津百町」という町おこしプロジェクトです。

古民家を改修して初の大津支店を起ち上げる

このプロジェクトは大津市の町おこし団体とともに「大津の町おこしを行う」という目的のもと、人々の暮らしを守る影の立役者である大工に仕事のやりがいを持たせる意味も含めて進められたプロジェクトでした。

「大工集団による町おこしプロジェクト」を始めたそもそものきっかけは、京都方面からの仕事依頼が増え、その方面への支店を開くために大津市の現地を訪れたことからでした。

大津市は滋賀県の県庁所在地です。

大津市は、かつて豊臣秀吉の時代には大いに栄えた宿場町（宿泊施設を中心に発達した商業集落）でした。東海道五十三次の最後の宿場町でもあります。

本州のほぼ中心に位置する東海道の要所でもあり、京阪神・中京・北陸を結ぶ経済と交通の要として、昔から人と物資が行きかう町。２００３年10月には古都保存法に基づいて全国で10番目の「古都」に指定されました。お茶の発祥地としても知られています。

現在では駅前もキレイにリニューアルされている大津市ですが、私が訪れた当時は一見してさびれていて、とても元気がない町に見えました。

どうやら、そのさびれっぷりは県庁所在地としては全国ワースト2位だったようで、滋賀県で最も栄えているのはお隣の草津市なのですが、そこと比べるとどちらが県庁所在地なのかわからないくらいでした。

それでも、私はここを再生したいと思いました。

というのも、現地の市役所の職員や町おこし団体と接触するようになって現地の方々と会話をするうちに、大津市のメインストリートには歴史の風情を残した町屋の古民家が何軒も存在していることに気づいたからです。

しかも、その古民家は修復できないほど老朽化していて、もうすぐ取り壊される予定だということもわかりました。

古民家は何百年も前の大工たちの技術の結晶であり、当時の家づくりの方法を色濃く残す貴重な有形財産です。それを老朽化しているから取り壊すなんて「なんともったいない！」と思いました。同時に「この古民家を改造してモデルハウスを作って事務所にしたらおもしろい！」と大工魂に火が点いたのです。

そして、まずは当初の目的を果たすために、2016年7月に大津支社である「大津百町スタジオ」を完成させました。

古民家をホテルに改修するプロジェクトをスタートさせる

大津百町スタジオを起ち上げてからも、私は大津市の町おこし団体の会合に月1回は顔を出していました。

こういった地方都市はどこも過疎化の問題を抱えていて、さびれた町を立て直す「町おこし」を考える地元企業が少なくありません。そういった企業や個人店、さらに役所も加わって町おこしを考えるのですが、往々にしてうまくいかないのが現実です。

なぜなら、アイデアは出ても結局は「お金」の問題で行き詰まるからです。

要するに「じゃあ、誰が金を出すの？」という話になると、誰もが「うちはちょっと……」と及び腰になるのです。

大津百町スタジオを起ち上げた経験から、また大津市の旧東海道沿いにはまだまだいくつも古民家が残っていたことから、私はこの古民家改修のビジネススキームにワクワク感と可能性を感じていました。

アイデアは出る。でも金は出ない。

こんな状況で時間が過ぎていくのをムダに感じていた私は「だったら自分たちでやろう」と、棟梁として大津市の立役者になることを考えました。

もちろん、状況を打開するためだけにそう考えたわけではありません。

自社のお金でやればプロジェクトを好きにできること、その上で町の人に信頼してもらえれば将来的な仕事にもなるかもしれない。出身地は違えど同じ地元・滋賀県の人たちとそういう関係を作ろうと思ったのです。


時を同じくして、経営合理化協会に所属していた私の仲間から、この古民家改修ビジネススキームがおもしろい、という話になりました。

しかも、「やるならホテルにすると収益も出る」という話も出ました。ちょうど京都で同じような古民家をホテルに改修したビジネスがブームになっていて、一棟貸しのホテルを10万円以上で貸せている実例があったのです。

必要なホテルの軒数は5軒。必要な経費を試算すると約2億円。しかも、5年で元が取れる試算になりました。

「ワクワクできて大津のためにもなって、しかもきちんと利益が出せるなんて最高やないか！」

私はさっそく「大工集団による町おこしプロジェクト」のプレゼン資料を約1カ月で作り上げ、滋賀県の銀行に融資をお願いしに行きました。

ですが、話はそんなにうまくはいきませんでした。

金融機関から〝けんもほろろ〟に一蹴される

「谷口さん、ここは大津ですよ。今や大津市はバイパス地域で人が通過するだけだから、宿泊施設を作っても素通りされるに決まってます。京都ならまだしも、大津でホテルビジネスが成り立つとは思えません」

意気揚々と企画書を銀行に持ち込んだ私でしたが、返ってきた答えはこのような慈悲のないものでした。取りつくしまもなく、1件また1件と銀行からは融資を断られていきました。

別の銀行の担当者からは次のようにも言われました。

「いいことをしようとされているのはわかりますし、谷口さんの熱意は買いますが、町の人たちはそうでもないかもしれませんよ。商店街の人たちも本音では『町を救いたい』なんて思ってないんじゃないですか？」

銀行は前例がないものにはなかなか融資をしてくれません。

私に大きな後ろ盾でもあれば別でしたがそんなものはなく、結局、すべての銀行を回っても賛同は得られず、大工集団による町おこしプロジェクトは頓挫してしまいました。

私自身も、少し熱に浮かされていたような気になって「無謀なことを考えていたかもしれんな……」と思えるようになってしまいました。

たしかに銀行の担当者が言うように、大津と京都を考えると京都のほうが圧倒的に立地としては有利です。

ご存じない読者のために少し補足すると、大津市と京都市は同じ県庁所在地でありながら隣接しており、距離はＪＲを使えば９分で行けてしまいます。もちろん、京都駅のような新幹線が停まる駅でもありません。

また、そもそもが全国ワースト２位の県庁所在地という汚名をかぶってしまっているくらいさびれた町なのが大津市です。

もともと人が来ないところをホテルで町おこしをする。しかもＪＲで９分先には日本一の観光地（年間の観光客数は５０００万人以上）の京都がある。京都にはもちろん宿泊施設もたくさんあり、訪れた観光客は京都だけで十分に旅行を完結させ、たくさんお金を使っている（年間の観光消費額は１兆円オーバー）。

そう考えると、銀行の担当者が言うことは至極まっとうに思えました。

役所からの救いの手。「経産省の補助金に応募しませんか？」

そんなこんなで年が明け、２０１７年を迎えました。

プロジェクトが頓挫したまま暗い年明けとなってしまいましたが、１月も半ばに差しかかった頃になって、まるで〝遅れてきたお年玉〟のように、ある朗報が舞い込んできました。

持ってきたのは町づくり団体の方でした。

「谷口さん、経済産業省がインバウンド対策で補助金を最大１億円まで出すそうです。例の古民家ホテルの件、ここに申請してみたらどうでしょうか?」

まさに渡りに船でした。大津市的にも大津市、町おこし団体、谷口工務店の3社プロジェクトの絵が必要だったこともあると思います。

ただ正直に言うと、補助金は使わずすべて自前でやりたかったのが本音でした。ですが、最大1億円という金額は私の後ろ髪を引っ張るものがありました。それに経済産業省の補助金という後ろ盾があれば、銀行の態度も変わるかもしれない、という目算もありました。

「一発、これに賭けてみるか」

そう考えた私は、さっそく審査のために必要な資料の作成に取り掛かりました。

ただなんと、その補助金の締切はもう2週間しかありませんでした。2週間以内に必要書類を作成し、まずは1月末に近畿経済産業省で一次審査に臨まなければいけなかったのです。


業務とは別に、また徹夜の日々が続きました。

今回は必要書類があまりに膨大で、大津市職員にも手伝ってもらいながら書類を作成。近畿経済産業省に確認をしてもらいながら何度も手直しを行いました。

この補助金は大津市と地域の連携事業なので、市の協力がなければ下りませんでした。

結局、完成した書類は電話帳くらいの分厚いものになりました。

完成した書類を持って私は再び近畿経済産業省を訪れ、そこで専門の職員3人に書類の不備をチェックしてもらい、修正しました。

そして1月末の一次審査に通過し、さらに2週間後には東京永田町にある経済産業省の本庁へプレゼンテーションのために乗り込んだのです。

永田町でのプレゼンの結果は……

2017年2月中旬。私は東京永田町に立っていました。

今回携えた書類は、最初に銀行へ持ち込んだときのような「儲かりまっせ」という類のものではありません。

約100ページの現実的な試算数字とインバウンド対策の内容、トータル20年に伸びたプロジェクト全体の必要性などを理論武装でプロジェクトの説明を網羅した分厚い書類でした。私自身のプレゼンテーションでは、パワーポイントのスライドも用意しました。

最初は5棟で考えていたホテルはトータル7棟の計画になっていました。

だだっ広い会場に15人の怖い顔をした有名大学の教授や経済産業省のお偉いさんたちがずらりと並び、まるで私を品定めするように見てきました。

会場には12社の応募者がいました。トップバッターは私。

私は1時間くらい話す覚悟で望みましたが、実際は「プレゼンは3分でまとめてください」と言われ、資料は別途提出。緊張しながらも骨子だけをなんとか話し切ることができました。

タイムスケジュールでは応募者には1人10分が割り当てられ、3分のプレゼンテーションのあとに数分の質疑応答があったのですが、話し終えた私に誰も質問をしてきませんでした。

「これはあかん……」

私はいろいろな質問が飛んでくると思い、これまた徹夜でQ&A対策をしていたのですが質問がなく、約1カ月の苦労が水の泡になるかと思うと、頭皮に脂汗が浮かぶのがわかりました。

ところが、1人の審査員から「町おこしと地方再生、商店街の活性、インバウンド。すべて入っていておもしろいですね」と感想がありました。

「ありがとうございます。ぜひ成功させたいと思っています」

こうして、1億円の補助金申請が認められたのでした。

金融機関からの融資も続々決まる

月をまたいで採択が発表され、会社のポストに一通の封筒が届きました。

私は合格発表を心待ちにしている学生のように急いで封を切りました。そこにはただ一言「補助金は採択されました。説明会に来てください」とありました。

私は飛び上がって喜びました。

その書類を持って、私の申し出をことごとく断った銀行に行きました。

すると、今まであれほど「無理だ」と言っていた担当者たちが手のひらを返したように、こう言いました。

「やっぱり補助金が出ましたか？　私もそうなると思っていたんですよ。では、うちも融資をしましょう」

私が「無担保ですけどよろしいですか？」と聞くと「もちろんです」の返事。

結果的に唯一賛同した滋賀中央信用金庫の融資割合を多めにし、トータル5行で2億円の融資をしてもらうことになりました。

ですが、話はこれでは終わりませんでした。

実際の古民家改修を始めるにあたっては、準備だけで半年ほどかかります。つまり、実際の工事に割ける期間は6カ月しかありません。

また、現実問題として最初は3億数千万円くらいで考えていた予算も、最終的には4億円にまで膨らむプロジェクトになってしまいました。

最初の見込みではすべて融資と補助金で7棟の古民家を改修しようと思っていましたが、最終的には5棟を補助金でまかない、残り2棟は融資で行いました。

とにかく、順調にはいかないプロジェクトになったのです。

古民家改修の高いハードル

古民家改修にはいくつかのハードルがあります。

まず、時間がかかることです。一般的に古民家とは築50年以上の住宅を指しますが明確な定義はなく、中には築100年以上のものも少なくありません。

そのような住宅を〝壊す〟のではなく、慎重に解体しながら再利用できる部分は再利用し、加工できる部分は加工して使用し、捨てる部分は捨てる判断をしながら行っていきます。

解体だけで1カ月。ほぼ手作業での改修には半年かかります。ですから、私の会社でも古民家は年間3～4棟が限度。それで費用は3～4000万円ですから、非常に生産性は良くなく、バランスを考えて取り組まなければいけません。

そして、もう1つのハードルは技術的なものです。

古民家に携わろうと思ったら、腕のいい大工でも10年以上、通常だと15年以上の経験のあるベテランでなければできません。たとえば「追掛け大栓継ぎ」という2本の木を完全な1本に継ぐ腕を持っているレベルが求められます。

古民家に関われることは大工にとってはステータスですが、下請け化が進み大手ハウスメーカーの新築ばかりを触っている大工では、技術が不足して任せることができないのです。

もちろん、技術的に十分なレベルの大工が減っている現在、古民家に関われる大工の数もまた激減していることになります。

今回のプロジェクトでは、その難関である古民家をホテルに改修する。それも7棟を1年以内に（作業的には6カ月）で行うことになりました。

補助金が採択された後、2017年4月からスタートしたプロジェクトの期限は1年間で、2018年3月末までに工事が完了しなければ補助金は出ません。

最大1億円ではありましたが、補助金をもらうためには何が何でも工事を完遂しなければいけませんでした。

毎日数十名の大工が大津に集まり、並行作業で古民家を改修していったのです。

大工でも何でも、職人には使命感が必要です。

私はこのプロジェクトを「日本の伝統文化を守ること」だと認識していましたから、匠の腕を持っているのに大手の下請けをせざるをえない大工たちにやりがいを持たせるためにも、発破をかけ続けました。

ところが、古民家にはトラブルがつきものです。

たとえば、柱が壁の奥に埋められていて一見すると大丈夫なように見えても、壁を剥がしていると柱がシロアリに食われて使い物にならない場合もあります。

最初は「なんとかなる」と思っていた私も、工事を始めて1日目でもともとの柱が腐っていたのを見たときは、甘い考えだったことを思い知らされることもありました。これだけで仕事量は0から建てるよりも3倍かかります。

天井も雨漏りで大きく傷んでいたり、それによって建物全体が腐ってしまい、天井も柱も床も「総とっかえ」になったところもあります。

予想外の事態が毎日多発し、そのたびに、設計図面が大幅に変更になり、工期はどんどん遅れていきました。

全国の棟梁が大津の町おこしに参加する

私は、だんだん焦ってきました。

毎日多発する図面変更、次から次へと起こるトラブル。

「あかん……このままやとオープンに間に合わない！」

そうして2018年2月末の時点で7棟中6棟まではなんとか完成しました。

ところが、3月末が検査なのに3月1日の時点で、一番大きな古民家が手つかずのまま残っていたのです。

残り1カ月で丸々1棟の工事。

さすがに社内でも「間に合わない」「社長、これはムリです」という雰囲気が蔓延していきました。

しかし、私は一喝しました。

「あきらめるな！　まだ1カ月あるやないか！　1日24時間あるやないか！」

私は自分の伝手を頼って知り合いの工務店に連絡をしました。創業当時に知り合った人脈にも電話をかけて直談判をしました。

「いくらでも払う。アゴアシ（食費・交通費）、宿泊費もすべてうちで持つ。見積もり請求はあとでも構わんから、なんとか人を出してくれへんか?」

その声に応えてくれたのは滋賀県以外にも愛知県、岡山県、広島県、岐阜県の工務店でした。腕のある職人たちが、ある職人は昼から、ある職人は自分の現場が終わってから深夜まで手伝いに来てくれたのです。

私が元請けへの転換を考えた頃にお世話になった新潟県の重川材木（大工を育成し、社員大工を実践している企業）の重川隆廣社長は「社内調整なんかあとだ!」と10人の大工を送り込んでくれました。

「谷口さん、すばらしいプロジェクトだね。町おこしを手伝えることは、うちの大工の誇りになるよ」

そんな会話をしたのを覚えています。

大工の当てはつきましたが、それからも難題が山積みでした。

木の組み方がまったく違うなど、初めての経験ばかりで手こずる大工が続出し、私自身、

TEL 522-8651

これまでの仕事の概念が覆されました。

刻一刻と納期は迫っていましたが、私は一切妥協したくありませんでした。

大型民家は商店街のアーケードに合わせて洋風になっていたのですが、私はすべての内装を取り払ってホテルとして現代でも通用するように断熱材を入れて再生し、かつ和風の趣を失わないために床の間や欄間《らんま》など使えるものは最大限利用しました。

江戸時代から大正、昭和と100年以上かけて増築を重ねた骨太な丸太組みや「石室」が床下から出てくるなど、100年の歴史を超える建物の形跡が露わになり、工事の過程ではるか昔の大工と対話しているような気持ちにもなりました。

そしてついに、立ちはだかる壁とそれを乗り越えることを繰り返しつつ、3月31日。日本中から結集した大工集団の力によって、1日の猶予を残すこともなく大津百町の古民家の再生プロジェクトは完了。

全7棟「鈴屋《すずや》」「萬屋《よろずや》」「丸屋《まるや》」「鍵屋《かぎや》」「糀屋《こうじや》」「茶屋《ちゃや》」「近江屋《おうみや》」からなる「HOTEL講 大津百町」が完成しました。

無事に補助金も入り、私は幾度となく奈落の底に落ちそうになりながら、細い綱渡りを最後まで歩き通すことができたのです。

さびれた県庁所在地が「観光地」に生まれ変わった

2018年4月22日。かつて東海道五十三次の最終宿場町として栄えた大津の街で、ホテルのオープンを記念した茶会も催しました。

滋賀県知事や大津市長、さらにはデンマーク大使などのVIPを出迎えたのは、雅《みやび》な着物姿に身を包んだ総勢50人の大工の面々。町おこしプロジェクトによって大津駅前の古民家を「HOTEL 講 大津百町」として再生させた大工たちでした。

そのときのデンマーク大使からいただいた言葉を今も覚えています。

「商店街の旧古民家を復活させて泊まれるのは

おもしろい。宿場町の頃のにぎわいが復活する事業になってほしい」

デンマーク大使がわざわざ大津市までやってきてくれたのにはきちんとした背景があります。ホテルとして第2の命を吹き込まれた古民家ホテルには、デンマーク製の最高級家具を多数設置したのです。

せっかく再生した古民家ホテルですから、若者が「素敵だ」と思うようなものにしないと流行らないと考えました。そこで、畳の部屋ではなく椅子の部屋にしようと日本の椅子もいろいろと検証したのですが、最終的に行きついたのがデンマークの椅子でした。

今や私はデンマークの椅子の虜です。


完成した古民家ホテルを前に、私は「オープン記念にデンマーク大使を呼びたい」と考えました。

そこで上京し、デンマーク大使館に直接行き、ダメ元で事情を話しました。

すると、大使とあいさつする場所に通され、なんとデンマーク大使、フレディ・スヴェイネ氏がいきなり私の前に現れたのです。

日本人の通訳兼秘書の方が、私の話をフレディ氏に伝えてくれました。

すると、フレディ氏は満面の笑みを浮かべ「イエス、イエス」と、大きな声で大津に来てくれることを約束してくれました。

私は空に舞い上がるような気持ちでした。


デンマーク大使の参加が確実になったことを告げると、大津市長がすぐに参加表明してくれました。

市長が参加するとなると、今度は滋賀県知事も参加してくれます。

さらに、市長や県知事が参加するとなると、滋賀県中の企業の社長や幹部社員も参加していただくことになりました。

お茶会も18人ずつ6回にわけて行うことになりました。

緑の下の力持ちだった大工集団も、この日ばかりは表舞台で、みんなと一緒においしいお酒を飲むことができたのです。

ほんの数日前まで7棟の古民家のリノベートを間に合わせるため、古民家と商店街を職人たちが汗だくで走りまわっていました旧東海道は、主賓のあいさつとともに「大工集団の町おこし」のお披露目茶会の場となり、その封が切られました。


この出来事は、大津百町にあった古民家が歴史の舞台から消える寸前に再びよみがえり、町全体が百年前の歴史の顔を取り戻して行った物語です。

繰り返しになりますが、大津は滋賀県の県庁所在地であるにもかかわらず、「地味な県庁所在地はどこか」というアンケートで全国ワースト2位という不名誉な称号を手に入れるほどで、大津駅はなんともさびれた駅でした。

ところが、古民家が再生されたと同時に駅も全面改装されたことで、大津の街は明るく広くきれいになりました。

アスファルトの味気ない東海道が石畳に変わり、情緒あふれる旧街道の面影を取り戻しました。景観を良くするために電信柱が地中に埋められ、景色がガラリと変わりました。

そして、廃墟となっていたスーパー西友に代わり、滋賀県でもトップクラスの大型スーパーが店を出し、さらに世界企業の代理店が町おこしに協力し、ショールームまで作ってしまったのです。


今まで大津の地元の方が積み重ねてきた町おこしのおかげで成功しました。

プロジェクトのために全国の大工集団が何十人も大津市にやってきて、手弁当で古民家再生に協力してくれました。

街を作っているのは建物であり、建物が人を呼び、滞在させ、体験や飲食を提供し、地域との絆と思い出を刻みます。中でも、特に歴史文化的建物こそが「観光文化の要」になると考えたのだと思います。

しかも、この大工集団による町おこしは国や地域行政が主導するのではなく、大工たちの意志とリスクで行われました。地元の大工に加え、全国から集まった大工職人が自らの手で、大津市の復活に懸けて技術と信念をぶつけ合いました。

今では、大津百町は海外からも多くの観光客が訪れ、日本の文化を京都の延長線上で楽しんでくれています。

使命感のある仕事が「やりがいのある仕事」になる

ここで、1つ伝えなければならない真実があります。

それは「大工職人が街をよみがえらせた」という事実です。

街を変え、歴史をつなぎ、未来を変える100年後に評価される仕事……それこそが匠の技なのです。

本章の冒頭で「仕事のやりがいのある職場づくりが必要」とお伝えしました。

この町おこしプロジェクトはあくまでも私の会社で行った一例ではありますが、自社の社員だけでなく、全国の職人たちの仕事のやりがいを生み出すことができた例だと思っています。

腕があるのに下請けに甘んじざるをえなかった大工たち。

ですが、その心に宿っている職人の灯は未だに消えておらず、私の呼びかけに応えてくれたのだと思います。その心意気には感謝しかありません。

また、私の会社の大工たちにとっても、先輩職人の腕を目の当たりにする機会になったと思います。願わくば、そこで技術の継承が行われていれば、これ以上にありがたいことはありません。

また、これは後日談ですが「いくらでも払う」と言って集めた職人たち全員が、通常の手間賃以外の請求をしてきませんでした。

「また何かあったら助けてな」と〝お互い様〟の精神で彼らは去っていきました。

そこに私は、棟梁の時代から受け継がれてきた職人としての「魂」を見て取ることができました。

今になって振り返ると、あのときの「私たち」は使命感に突き動かされていたのではないかと思います。

世の中には「ブラック労働」という言葉がありますが、単に残業することがイコールの意味としてあるのではないと思います。それは仕事のやりがいを感じない、いわゆる〝やらされ仕事〟だから感じるのだと思うのです。

そうではなく「自分がやりたい仕事」「使命感がある仕事」はブラックにならないし、誤解を恐れずに言えば、疲れません。実際に自分の現場が終わってから深夜まで手伝いに来てくれた職人たちも多数いました。

このような「やりがいのある仕事」を作り出せるのは経営者しかいません。

それも経営者の情熱です。第4章でもお伝えしましたが、情熱は経営者にとっての最強の武器です。そして、それはすべての経営者が持っているもの。

ぜひ、創業当時のことを思い出し、情熱の灯をもう一度燃え上がらせ、社員にやりがいのある仕事をさせてあげてください。

本当にうまくいくのかどうか、不安があるかもしれませんが大丈夫です。

本気でやっている人間は多くの人から応援が集まるものだからです。

6 地方の中小零細企業が大手企業と戦う方法

ホームページを
見直す

町おこしに
参加する

棟梁の復活が
SDGsにつながる

自社の100年計画を
つくろう

第六章

会社を成長させる経営者になる

ここまで中小零細企業の経営者の悩み、大工という仕事の隆盛と衰退、優秀な人材を採用すること、それを人間力のある存在に育てていくこと、そして、大工の仕事のやりがいとして始めた古民家のホテル再生プロジェクト、と私の業界のことをベースに、今の中小零細企業がやるべきことをお伝えしてきました。

本書でお伝えしてきたことは、もしかすると理想論に聞こえるかもしれません。

ですが、私はただひたすら成功をしてきたわけではなく、挑戦を繰り返す中で少しずつ「勝ちパターン」のようなものを構築してこられただけです。

本書では、その内容をお伝えしてきました。

実際に私の会社でも離職がないわけではありません。

優秀な人材を採っても、育てるのには5～10年の時間がかかります。その間に辞めていった社員もいるのは事実です。

いい人材に建築業界に来てもらい、世間で活躍してくれたら、それで貢献していることになるのです。

それでも「継続は力なり」ではないですが、大卒の新卒を採り続けることをしてきたおかげで、ようやく新卒採用の1期生が30代後半を迎え、リーダー職や管理職ができ、部下や後輩を持つようになってきました。

それに伴って業績も上がり、基本的には右肩上がりで現在の売上は約23億円になりました。もちろん、ここで終わるつもりはなく、来期は30億円を目指す計画を立てています。

なぜ、私が進むことをやめないかと言うと、繰り返しになりますが、企業には「成長」か「消滅」しかないからです。

人が老いていく定めを持っている以上、現状維持は衰退です。だったら、経営者としてやるべきことは成長させることしかありません。

そして、成長の要こそが「人」という話でした。

会社の未来が明るいことを伝えて夢を持たせることで、中小零細企業でも人は来ますし、楽しくやりがいを持って仕事をしていくことができます。

「やりがい」や「喜び」といったものは目に見えないので伝わりづらいですが、なくなることはありません。

また、それを求めている学生たちが一定数います。私の会社に入ってくる学生たちも、その理念に共感してくれていると自負しています。

ぜひあなたも、ここまで読んできたのですから、今日からその考え方にシフトチェンジして、自社を成長させる経営者になってもらいたいと思っています。

たとえ辞めても「この会社にいて良かった」という教育をする

私が最初に人を雇おうと思ったきっかけは父親の借金1億5000万円でした。つまり、「やるしかない」から採用を始めました。

最初は怖かった部分もありました。「雇って会社が潰れたらどうしよう」と感じたこともあります。

縁故採用や中途採用などの安全策でリスクを避ける方法もあったと思います。

ただ、現在の考えでは、そうしなくて良かったと思っています。高額を払って優秀な中途採用に来てもらったり（それでもなかなか集まりませんが）、縁故採用で親族や知り合いを巻き込むリスクを避けてこられたからです。

「人を雇うのが怖い」

この考えは、今この文章を読んでいるあなたの心の中にまだ残っている気持ちだと思います。私のような借金でほかに方法がなかったのなら別ですがそんなケースは稀でしょう。人を雇うのは命がけですが、それでも少しでも「雇ってみようか」と思うのであれば、ぜひこう考えてみてください。

「この会社にいて良かった、と思ってもらおう」と。

先述の通り、私の会社でも離職はあります。

ですが、最初に雇うときは「うちの会社に骨を埋めてほしい」と考えて雇うものです。それはきっと、あなたも同じでしょう。

ですから、まず自分が社会人として恥ずかしくない誠実な会社を作り、そこで人を雇ってきちんと人間としての教育をしようと思いました。

そういう会社であれば社員も働いていて恥ずかしくないし、きちんと教育をしてもらえることは社員にとっても「いいこと」のはずです。仮に、会社が潰れてしまったとしても、あるいは違う道を選ぶことになって離職したとしても、「自分はいい会社にいた」と思ってもらえるはずです。

会社を成長させる要である「人」を雇う場合のリスクを少しでも減らすのであれば、真っ白な新卒を雇ってきちんと教育していくことと、雇う側が社員を本当に幸せにしようと考えることが重要なのです。

今すぐ「会社の顔」を洗うところから始めてみよう

本書では、中小零細企業の成長戦略として優秀な人材を採用するところからお伝えしてきましたが、本書を読み終えて一番にできることは「採用活動」とはかぎりません。採用にはタイミングがあるからです。

それなら、まずやっていただきたいのは〝会社の顔〟を洗うところからです。

会社の顔＝ホームページです。このリニューアルから始めてみてください。

私は2002年に元請けになろうと決意してから、最初に工務店のホームページを作成しました。まだ法人化もしていない頃です。本に「ホームページで家が売れる」と書いてあったので、書いてある通りにやってみたのです。

自分で作った簡素なものではありましたが、それでも集客には困らなくなり、借金を返しつつ毎年徐々に売上を伸ばしていくことができました。

そして、ホームページを作って集客が順調になり始めた頃、私は自分のホームページがどんな風にクリックされているかを解析してみました。

すると、ホームページを見た人は必ず人＝スタッフの顔のページを最初に見ていました。逆に、会社概要などはほとんど見られていませんでした。


そこで私は「工務店日記」として現場の工事進捗をブログ感覚で載せて、現地見学も可能にして、さらに現場にはカタログを置いていつでも営業できるようにして、お客さまが来るのを待ちました。そして来られた方々には現場を見てもらい、それこそ建築現場の文字通り〝裏側〟まで見てもらいました。

その現場でやっていたことはすべて「真実」です。真実をつまびらかに見せて消費者との信頼関係を作ることを「広報活動」としてやっていたのです。

それで元請けになって初年度で1億円くらいの売上は立ちました。

私がやっていたことは現代に当てはめるなら、ＦａｃｅｂｏｏｋのＷａｌｌ（個人の近況や写真を閲覧できるページ）に工務店日記を載せているような感覚です。

それでお客さまが来たということ、しかもスタッフを見ていたということは、やはり「人」には集客をする力がある証拠なのだと思います。

映画『ソーシャル・ネットワーク』はＦａｃｅｂｏｏｋの創業物語ですが、その冒頭でジェシー・アイゼンバーグ扮するマーク・ザッカーバーグはハーバード大学のコンピューターをハッキングして女子学生の写真を集め、顔の格づけサイト『Ｆａｃｅｍａｓｈ』を起ち上げ、大学のサーバーがダウンするくらいのアクセスを獲得します。

その後、映画内で彼はハーバード大学の学生専用コミュニティーサイトのアイデアからヒントを得て現在のＦａｃｅｂｏｏｋを起ち上げるのですが、この爆発的ヒットからも、やはり人は人に興味があることが見て取れます。

採用でも営業でも、外から会社を見つけてもらわなければいけません。自社の見つけてもらうためには自分の会社をどう外に見せるかが重要になってきます。自社の魅力をうまく伝えられれば「人」は集まってきます。

そのときにホームページは、広告に比べるとほとんどお金をかけずにできる広報活動なのです。

ヘタに広告を打つくらいなら町おこしに参加する

会社の広報活動としてもう1つおすすめなのが「町おこし」への参加です。

地方都市であっても、地方の田舎であっても、それこそ東京でも都心を除いた中央以外の地域では、何かしらのローカルな問題を抱えています。

東京一極集中の世の中で地方からは人が減り、東京でも都心に人が集まりすぎている世の中で、日本全国の地域では町おこしを考えているところが少なくありません。

中小零細企業では、町おこしに参画することが自社の広報活動としての側面を持ちます。ヘタに広告費を割くくらいなら町おこしに参加すべきです。

これは大手企業にはできない手段です。「投資に対するリターン」を厳しく考えないとプロジェクトを起こせないのが大手企業だからです。街の活性化を目的にはできないのです。

ただし、町おこしは基本的にボランティア（無償の奉仕）を求められますので、踏み込みすぎるのは危険です。その見極めのポイントがあります。

それは、自社の事業に関連しているかどうか、です。

第5章でお伝えした「HOTEL 講 大津百町」は町おこしプロジェクトでしたが、業態としては「ホテル・宿泊業」です。私の会社は建築業なので関係がないように思えますが、実際のホテルに泊まっていただくとわかるのですが、デンマークの椅子や家具がふんだんに設置されており、デンマーク家具を体験できる日本最大の展示場になっています（購入も可能です）。

私の会社は北欧家具専門のロゴバ社と代理店契約をしているため、お客さまがデンマーク家具を気に入って購入するときは私の会社が代理店として立ちますので、ここに会社収益との関連性を作っています。

さらに、古民家再生のモデルハウスとしての側面も持っています。

「HOTEL 講 大津百町」を見て・体験して「うちの地域でも」と考えた役所の職員や地方の企業からの依頼があることも考えられます。

あまり稼ぐことばかりを考える〝下心〟は嫌われますが、会社として参加する以上は自社が利益を出すための計算は必要です。この辺りのことを考えて町おこしには参加するようにしましょう。

そうやって町おこしに参加すると、社会貢献につながります。

その地域で信頼関係が生まれたり、新しい関係性が生まれたり、そこから発生する仕事もあったりしますが、何よりも価値があるのは学生に対する印象がものすごくよくなることです。

今の学生は社会貢献している企業に魅かれる傾向にあります。

あなたの会社が町おこしをして社会貢献していることをアピールすることで学生に響き、「私もやりたいです」という人材が集まってきます。

広告を1回打てば数十万円がかかることを考えると、ずっと価値の高いものだということはおわかりいただけるでしょう。

町おこしは工務店にしかできないわけではありません。

過去の例になりますが、大津市では有名和菓子店「叶 匠寿庵」などの地元の有名企業が共同で町おこし会社を設立し、芦屋の老舗洋菓子店「アンリ・シャルパンティエ」を誘致した成功例もあります。

町おこしはその地域の企業、役所、時には地元の政治家も協力してくれます。お金は出してくれませんがPR支援はしてくれます。自社の広報活動の一環として、ヘタに広告を打つくらいであれば、私は町おこしを検討することをおすすめします。ぜひ、自社の仕事と町おこしをつなげる大義名分を考えてみてください。

「棟梁」を復活させて真の仕事の喜びを見出せる社会を作る

私のいる建築業界は、モノづくりの業界でありながら効率化による生産性アップで巨大化した産業の1つです。結果的に1000万円で家が買えるようになりましたが、そのしわ寄せは現場の職人たちのところに来てしまっています。

こんな現状を打開すべく、私の会社は独自の道を進もうと考えています。

それは各地域でかつての「棟梁」を復活させ、真の仕事の喜びを見出せる社会を作ることです。古民家ホテルのプロジェクトはその1つでした。

結局、世の中は「強いところ」が勝つようにできています。

強いところとは「お金を持っているところ」です。

だったら、その強いところが正しい考え方を持っていれば、世界は変えていけるはずです。現在の私の会社では大工は40人ですが、これがさらに増えて100人、200人となれば、どこかでムーブメントが起きると思っています。

たとえば、テレビに取材されたりして注目されれば「こういう考え方があるのか」「このすばらしい考え方は豊かになれる」ということが広まり、同じように大工を社員として雇い、教育して成長させて、みんなが豊かになる方法を取る会社が、今以上に増えてくると思っています。

もちろん、大工以外の職人でも起こりえるでしょう。


現状の建築業界は「ハウスメーカーの顔色を見て仕事をする世界」になっています。建築とは「住むこと」であり、本当であれば建築業は「お客さんの豊かさを生むためにやっていること」のはずなのに、そうなっていないのです。

かつての棟梁の時代には、それがありました。

生産性はずっと悪かったですし、家の種類も多様性がほとんどなかった時代なのですべてが良いことだとは言いませんが、一方で豊かだった部分もあります。

私はその豊かさを現代に取り戻したいと考えているのです。
それは今のＳＤＧｓ――持続可能な社会につながると考えています。

そして、その方法の一番の近道が「自社が成長すること」です。

「建築業界を良くする」という大義名分のもと、私の会社が上場をして、大きくなり、みんなのためになる建築会社になっていくことが、今の私の目標です。

そして、この考え方をより多くの人たちに伝えるために大学のようなものも作りたいと思っています。「日本の住宅を建築するなら谷口大学に行け」というような世界になって、そこから地域に波及していけたら、と思い描いています。

これは、会社を経営する目的でもあります。

自分はまだ最低15年は現役で走れるので、それまでにどこまで形にできるか、チャレンジの日々を送っています。

大工になりたい人が増えている

そんな活動が実を結んだのかはわかりませんが、私の会社では近年、優秀な学生が入社して来る流れができているだけではなく、大工になりたい人が増えています。

さらに、最初から大工を希望する学生も増えてきています。

しかも旧帝大系の優秀な学生で、しかも女性が大工を希望してやってくるのです。実際に大工になることについても、これまでは「どうして大学まで行って大工になるの？」という親御さんからの反対があったのが、この数年はそれも減り、実際に現場で活躍してくれている社員がたくさんいます。

このような動きを見ると、大工の地位が少しずつ戻ってきていることを実感できます。

この流れをさらに推し進め、逆転現象を巻き起こしたいと考えています。

経営者は自社の100年計画を作るのがオススメ

古民家の例でもわかるとおり、家はちゃんと作り、メンテナンスすれば100年もちます。

ということは、家を建てた建築会社も100年企業でいなければいけません。

そうしなければ「一生のおつき合い」ができないからです。

そこで私の会社では１００年後までの計画を出しています。毎年、売上が10パーセントずつ伸びていく計算で、今の新卒たちが60歳で定年を迎えてからは5パーセントずつアップで成長していく計算になっています。その試算では93年後には私の会社は1兆円を達成する〝予定〟です。

もちろん、予定は未定ですから計画通りにいくとはかぎりません。

ですが重要なのは、自社を毎年成長させることと、その数字を見える化して全社で共有しておくことです。当然ですが、ここには給料やボーナスについての数字も絡んでいます。会社は経営者だけのものではありません。社員の人生を費やす場所でもあります。そんな会社が10年後にはなくなってしまうのであれば、彼らは不幸になってしまう可能性があります。

ですから経営者は、自分が死んだあとも会社が続くように、どんな風に会社が成長していくかのビジョンもまた、作っておかなければいけません。

計画通りにいかないことを危惧する必要はありません。

むしろ、計画がないと物事は理想に向かって進むことがないので、かなうかかなわないかではなく先に作って、それを目標に達成する道を歩んでいけばいいのです。計画を作っておけば、自分が引退したあと、亡くなったあとに後継者に任せる際にもその指標になります。

その頃に会社が現状とどう変わっているのかまではわかりませんが、それでも計画が「ある」と「ない」とでは大きな違いがあるのです。

中小零細企業こそ「一座建立」の精神で一点突破する

本書でここまでお伝えしてきたことを一言でまとめると、中小零細企業は「一点突破」で大手企業と戦い、勝ち残る道を選んでもらいたい、ということです。

採用に関しては「高学歴＝優秀な大卒の新卒」で一点突破。

営業は「一座建立《いちざこんりゅう》」の考え方で一点突破。その教育を行うのです。

「一座建立」という言葉は、もしかしたらあまりなじみがないかもしれません。

私はお茶（茶道）を学んでいるのですが、お茶の世界で「おもてなし」を考えるときに、この一座建立という言葉が出てきます。

意味としては「お客さまを招くときには、できるかぎりのことをしようと工夫する。それは簡単なようで意外と難しく、奥の深いこと。しかし、これによって招いた者（亭主）と招かれた客の心が通い合い、気持ちのよい状態が生まれる」というものです。

たとえば、お茶の世界では「正客《しょうきゃく》」がすべてです。

全員を最高にもてなすのではなく、たった1人の正客を喜ばせることにフォーカスし、その人の好きな掛け軸やお茶碗を準備したりします。

私が「ＨＯＴＥＬ講大津百町」のオープニングセレモニーでデンマーク大使に来ていただいたとき、デンマークの国の花を調べて用意したり、大使をもてなすことを考えました。

そして、もてなされる正客の側も最高の場にするために勉強をして、もてなされます。もてなす側ともてなされる側両方で最高の場を作っていくのが、お茶の世界での「おもてなし」なのです。

この精神を会社として考えると、消費者側にそれを求めることは難しいかもしれません。

たとえば、高級レストランのドレスコードなどはお客さま側にも店に合った身だしなみを求めるものですが、すべての業態が同じようにできるとは限りません。

ですが、会社側はお客さまに対して最高のおもてなしができるよう、ある程度までは調べて最高の場を提供できるように振る舞うことはできます。

そして、これは大手企業にはなかなかできない、中小零細企業の「人」の気持ちの持ちようでできることでもあると私は思っています。

「人」で勝負できる中小零細企業こそ、欧米型の資本主義的な考え方に染まることなく、ある程度の属人性を持って、かつ会社としての生産性は意識しつつ、一座建立の一点突破で戦っていってもらいたいと思います。

中小零細企業だからと言って、学生やお客さまや大手企業に媚びる必要はありません。あなたの会社には「人の力」が備わっているのです。

それを見つけ、磨き、会社の成長につなげていってください。

おわりに

経営者の属人性を委譲するための「人」

ここまでお読みいただき、ありがとうございました。

最後に、１つ質問をさせてください。


「現存する世界最古の木造建築物」は何でしょう？


正解は、聖徳太子の建てた「法隆寺」です。西暦６０７年に建立されたと言われており、あくまでも現存するものでは世界最古とされています。

この法隆寺を現場で建てたのは聖徳太子ではなく当時の「大工たち」です。

また、日本の主神である「天照大御神《あまてらすおおみかみ》」を祀る伊勢神宮では20年に一度、お宮を建て替えて八咫鏡《やたのかがみ》（天照大御神をお祀りするご神体であり、三種の神器の１つ）を遷《うつ》す式年遷宮《しきねんせんぐう》が行われます。

この式年遷宮は持統天皇の頃に始まり、1300年以上も続いています。

伊勢神宮の建築様式は日本太古の神社本殿建築形式の1つ「神明造《しんめいづくり》」ですが、これが現在まで続いているのは式年遷宮のおかげです。

式年遷宮では宮大工たちが仕事をするのですが、宮大工たちは1回目の経験で先輩から技術を習得し、2回目の経験では今度は教える側に回って次の世代に技術を継承するそうです。

この繰り返しがあったからこそ、太古の技術が現在まで受け継がれているのです。そして本文内でも書きましたが、大工は木造建築のプロとしてこのような歴史的建造物をいくつも担う存在だったのです。

この本は、地方の中小零細企業経営者が現状のしがらみから抜け出し、頭1つ抜けた存在になって、果ては大手企業とも戦っていけるだけの力を身につけてもらいたくて執筆しました。「新卒採用」という戦略で全国の中小零細企業に元気になってもらいたいのが私の気持ちです。

ただそれと同時に、私の使命として全国の大工の現状をお伝えし、その変化の兆しを示したいとも思いました。

技術は継承しなければ失われてしまいます。

たとえば、ピラミッドの建造技術は継承されていないので、ロストテクノロジーとして現代では作成することができません。実際にＮＡＳＡは、現代の技術を用いても不可能だと判断しているようです。

それと同じことが日本の大工の世界でも起きつつあります。

かつて「棟梁」と呼ばれた腕のある職人たちは継承をしないまま団塊の世代として高齢者になり、さらに技術は弟子入りして修行しないと手に入らないのに、弟子を取っては食べていけないのが現状です。

技術を継承するのは、もう今しかないのです。

同じように、中小零細企業でも経営者が一番売れる力を持っていても、それを継承しなければ会社は継続していけません。

事業承継とは、単に会社の権限を委譲することではなく、経営者の属人性も同時に移譲することだと私は思います。もちろん、そこには経営理念も含まれます。

そして、そのためには「人」が必要です。

人材は単に会社を回すだけの存在ではなく、採用活動は会社を成長させるためだけの手段ではありません。経営者が自身の後継者を発見し、教育し、自社の未来を任せて、社員すべてを幸せにするための〝匠の技〟なのです。

谷口弘和

新卒を採れ！
中小・零細が大手に勝つための戦術

2021年9月29日　第1刷発行

著者　谷口弘和
編集人　佐藤直樹
デザイン　華本達哉（aozora.tv）
編集協力　潮凪洋介　廣田祥吾
出版プロデュース　吉田 浩（株式会社 天才工場）
発行人　田中辰彦
発行所　株式会社 白夜書房
〒171-0033　東京都豊島区高田3-10-12
［TEL］03-5292-7751
［FAX］03-5292-7741
http://www.byakuya-shobo.co.jp
製版　株式会社 公栄社
印刷・製本　大日本印刷 株式会社